I0484173

3. Auflage 2018

Infektionsschutzgesetz IfSG

sowie ergänzende Bestimmungen:

Heilpraktikergesetz und

Durchführungsverordnung zum Heilpraktikergesetz

Impressum

© Verlag MGJV, Poelchaukamp 20, 22301 Hamburg, Kontakt: mgjv.verlag@gmail.com;   - Die Redaktion freut sich über konstruktive Hinweise und Verbesserungsvorschläge.

Inhaltliche Verantwortung und Aktualität: Redaktion MGJV

Satz, Druck und Bindung: Externe Dienstleister; alle Rechte MGJV-Verlag

Umschlaggestaltung: Gustav Broedecker. Alle Rechte MGJV-Verlag

Wir sind bemüht, ein ansprechendes Produkt zu gestalten, dass vernünftigen Ansprüchen an das Preis/Leistungsverhältnis gerecht wird.

Die Rechte am Werk, insbesondere für die Zusammenstellung, die Cover- und weitere Gestaltung liegen beim Verlag. Trotz sorgfältigster Bearbeitung und Qualitätskontrolle können Übertragungsfehler und technische Fehler nicht letztgültig ausgeschlossen werden. Fachanwaltliche Beratung wird durch die Konsultation einer Rechtssammlung nicht ersetzt.

- - - - -

Über eine Bewertung bei Amazon oder anderen Distributoren freut sich die Redaktion.Mit Kritik und Verbesserungsvorschlägen für künftige Ausgaben wenden Sie sich auch gerne an MGJV.Verlag@gmail.com. Wir freuen uns über hilfreiche Hinweise.

Vielen Dank, Ihre Redaktion MGJV

Inhaltsverzeichnis

Gesetz zur Verhütung und Bekämpfung von Infektionskrankheiten beim Menschen (Infektionsschutzgesetz - IfSG)

IfSG

Ausfertigungsdatum: 20.07.2000

"Infektionsschutzgesetz vom 20. Juli 2000 (BGBl. I S. 1045), das zuletzt durch Artikel 1 des Gesetzes vom 17. Juli 2017 (BGBl. I S. 2615) geändert worden ist". Zuletzt geändert durch Art. 1 G v. 17.7.2017 I 2615. Mittelbare Änderung durch Art. 9 G v. 17.7.2017 I 2615 (Nr. 49) mWv 1.10.2021 noch nicht berücksichtigt.

Fußnote

(+++ Textnachweis ab: 1.1.2001 +++)

Das G wurde als Artikel 1 G v. 20.7.2000 I 1045 (SeuchRNeuG) vom Bundestag mit Zustimmung des Bundesrates beschlossen. Es ist gem. Art. 5 Abs. 1 Satz 1 dieses G mWv 1.1.2001, §§ 37 und 38 mWv 26.7.2000 in Kraft getreten.

1. Abschnitt

Allgemeine Vorschriften

§ 1 Zweck des Gesetzes

(1) Zweck des Gesetzes ist es, übertragbaren Krankheiten beim Menschen vorzubeugen, Infektionen frühzeitig zu erkennen und ihre Weiterverbreitung zu verhindern.

(2) Die hierfür notwendige Mitwirkung und Zusammenarbeit von Behörden des Bundes, der Länder und der Kommunen, Ärzten, Tierärzten, Krankenhäusern,

wissenschaftlichen Einrichtungen sowie sonstigen Beteiligten soll entsprechend dem jeweiligen Stand der medizinischen und epidemiologischen Wissenschaft und Technik gestaltet und unterstützt werden. Die Eigenverantwortung der Träger und Leiter von Gemeinschaftseinrichtungen, Lebensmittelbetrieben, Gesundheitseinrichtungen sowie des Einzelnen bei der Prävention übertragbarer Krankheiten soll verdeutlicht und gefördert werden.

§ 1a Verarbeitung personenbezogener Daten

Die zur Erfüllung der Aufgaben nach Maßgabe der Zwecke dieses Gesetzes verarbeiteten personenbezogenen Daten sind zu löschen, wenn diese zur Erfüllung der Aufgaben nicht mehr benötigt werden.

§ 2 Begriffsbestimmungen

Im Sinne dieses Gesetzes ist

1.

Krankheitserreger
ein vermehrungsfähiges Agens (Virus, Bakterium, Pilz, Parasit) oder ein sonstiges biologisches transmissibles Agens, das bei Menschen eine Infektion oder übertragbare Krankheit verursachen kann,

2.

Infektion
die Aufnahme eines Krankheitserregers und seine nachfolgende Entwicklung oder Vermehrung im menschlichen Organismus,

3.

übertragbare Krankheit
eine durch Krankheitserreger oder deren toxische Produkte, die unmittelbar oder mittelbar auf den Menschen übertragen werden, verursachte Krankheit,

3a.

bedrohliche übertragbare Krankheit

eine übertragbare Krankheit, die auf Grund klinisch schwerer Verlaufsformen oder ihrer Ausbreitungsweise eine schwerwiegende Gefahr für die Allgemeinheit verursachen kann,

4.

Kranker
eine Person, die an einer übertragbaren Krankheit erkrankt ist,

5.

Krankheitsverdächtiger
eine Person, bei der Symptome bestehen, welche das Vorliegen einer bestimmten übertragbaren Krankheit vermuten lassen,

6.

Ausscheider
eine Person, die Krankheitserreger ausscheidet und dadurch eine Ansteckungsquelle für die Allgemeinheit sein kann, ohne krank oder krankheitsverdächtig zu sein,

7.

Ansteckungsverdächtiger
eine Person, von der anzunehmen ist, dass sie Krankheitserreger aufgenommen hat, ohne krank, krankheitsverdächtig oder Ausscheider zu sein,

8.

nosokomiale Infektion
eine Infektion mit lokalen oder systemischen Infektionszeichen als Reaktion auf das Vorhandensein von Erregern oder ihrer Toxine, die im zeitlichen Zusammenhang mit einer stationären oder einer ambulanten medizinischen Maßnahme steht, soweit die Infektion nicht bereits vorher bestand,

9.

Schutzimpfung
die Gabe eines Impfstoffes mit dem Ziel, vor einer übertragbaren Krankheit zu schützen,

10.

andere Maßnahme der spezifischen Prophylaxe

die Gabe von Antikörpern (passive Immunprophylaxe) oder die Gabe von

Medikamenten (Chemoprophylaxe) zum Schutz vor Weiterverbreitung

bestimmter übertragbarer Krankheiten,

11.

Impfschaden

die gesundheitliche und wirtschaftliche Folge einer über das übliche Ausmaß

einer Impfreaktion hinausgehenden gesundheitlichen Schädigung durch die

Schutzimpfung; ein Impfschaden liegt auch vor, wenn mit

vermehrungsfähigen Erregern geimpft wurde und eine andere als die

geimpfte Person geschädigt wurde,

12.

Gesundheitsschädling

ein Tier, durch das Krankheitserreger auf Menschen übertragen werden

können,

13.

Sentinel-Erhebung

eine epidemiologische Methode zur stichprobenartigen Erfassung der

Verbreitung bestimmter übertragbarer Krankheiten und der Immunität gegen

bestimmte übertragbare Krankheiten in ausgewählten Bevölkerungsgruppen,

14.

Gesundheitsamt

die nach Landesrecht für die Durchführung dieses Gesetzes bestimmte und

mit einem Amtsarzt besetzte Behörde.

§ 3 Prävention durch Aufklärung

Die Information und Aufklärung der Allgemeinheit über die Gefahren übertragbarer

Krankheiten und die Möglichkeiten zu deren Verhütung sind eine öffentliche

Aufgabe. Insbesondere haben die nach Landesrecht zuständigen Stellen über

Möglichkeiten des allgemeinen und individuellen Infektionsschutzes sowie über Beratungs-, Betreuungs- und Versorgungsangebote zu informieren.

2. Abschnitt
Koordinierung und Früherkennung

§ 4 Aufgaben des Robert Koch-Institutes

(1) Das Robert Koch-Institut hat im Rahmen dieses Gesetzes die Aufgabe, Konzeptionen zur Vorbeugung übertragbarer Krankheiten sowie zur frühzeitigen Erkennung und Verhinderung der Weiterverbreitung von Infektionen zu entwickeln. Dies schließt die Entwicklung und Durchführung epidemiologischer und laborgestützter Analysen sowie Forschung zu Ursache, Diagnostik und Prävention übertragbarer Krankheiten ein. Auf dem Gebiet der Zoonosen und mikrobiell bedingten Lebensmittelvergiftungen ist das Bundesinstitut für Risikobewertung zu beteiligen. Auf Ersuchen einer obersten Landesgesundheitsbehörde berät das Robert Koch-Institut die zuständigen Stellen bei Maßnahmen zur Vorbeugung, Erkennung und Verhinderung der Weiterverbreitung von schwerwiegenden übertragbaren Krankheiten und die obersten Landesgesundheitsbehörden bei Länder übergreifenden Maßnahmen; auf Ersuchen einer obersten Landesgesundheitsbehörde berät das Robert Koch-Institut diese zur Bewertung der Gefahrensituation beim Auftreten einer bedrohlichen übertragbaren Krankheit. Es arbeitet mit den jeweils zuständigen Bundesbehörden, den zuständigen Länderbehörden, den nationalen Referenzzentren, weiteren wissenschaftlichen Einrichtungen und Fachgesellschaften sowie ausländischen und internationalen Organisationen und Behörden zusammen.

(2) Das Robert Koch-Institut

1.

erstellt im Benehmen mit den jeweils zuständigen Bundesbehörden für Fachkreise als Maßnahme des vorbeugenden Gesundheitsschutzes Richtlinien, Empfehlungen, Merkblätter und sonstige Informationen zur

Vorbeugung, Erkennung und Verhinderung der Weiterverbreitung übertragbarer Krankheiten,

2.

wertet die Daten zu meldepflichtigen Krankheiten und meldepflichtigen Nachweisen von Krankheitserregern, die ihm nach diesem Gesetz und nach § 11 Absatz 5, § 16 Absatz 4 des IGV-Durchführungsgesetzes übermittelt worden sind, infektionsepidemiologisch aus,

3.

stellt die Ergebnisse der infektionsepidemiologischen Auswertungen den folgenden Behörden und Institutionen zur Verfügung:

a)

den jeweils zuständigen Bundesbehörden,

b)

dem Kommando Sanitätsdienst der Bundeswehr,

c)

den obersten Landesgesundheitsbehörden,

d)

den Gesundheitsämtern,

e)

den Landesärztekammern,

f)

dem Spitzenverband Bund der Krankenkassen,

g)

der Kassenärztlichen Bundesvereinigung,

h)

dem Institut für Arbeitsschutz der Deutschen Gesetzlichen Unfallversicherung und

i)

der Deutschen Krankenhausgesellschaft,

4.

veröffentlicht die Ergebnisse der infektionsepidemiologischen Auswertungen periodisch und

5.

unterstützt die Länder und sonstigen Beteiligten bei ihren Aufgaben im Rahmen der epidemiologischen Überwachung nach diesem Gesetz.

(3) Das Robert Koch-Institut arbeitet zu den in § 1 Absatz 1 genannten Zwecken im Bereich des internationalen Gesundheitsschutzes mit ausländischen Stellen und supranationalen Organisationen sowie mit der Weltgesundheitsorganisation und anderen internationalen Organisationen zusammen, um deren Fähigkeiten zu stärken, insbesondere einer möglichen grenzüberschreitenden Ausbreitung von übertragbaren Krankheiten vorzubeugen, entsprechende Gefahren frühzeitig zu erkennen und Maßnahmen zur Verhinderung einer möglichen grenzüberschreitenden Weiterverbreitung einzuleiten. Die Zusammenarbeit kann insbesondere eine dauerhafte wissenschaftliche Zusammenarbeit mit Einrichtungen in Partnerstaaten, die Ausbildung von Personal der Partnerstaaten sowie Unterstützungsleistungen im Bereich der epidemiologischen Lage- und Risikobewertung und des Krisenmanagements umfassen, auch verbunden mit dem Einsatz von Personal des Robert Koch-Institutes im Ausland.

§ 5 Bund-Länder-Informationsverfahren

Die Bundesregierung erstellt durch allgemeine Verwaltungsvorschrift mit Zustimmung des Bundesrates einen Plan zur gegenseitigen Information von Bund und Ländern in epidemisch bedeutsamen Fällen mit dem Ziel,

1.

die Einschleppung bedrohlicher übertragbarer Krankheiten in die Bundesrepublik Deutschland oder ihre Ausbreitung zu verhindern,

2.

beim örtlich oder zeitlich gehäuften Auftreten bedrohlicher übertragbarer Krankheiten oder bedrohlicher Erkrankungen, bei denen Krankheitserreger als Ursache in Betracht kommen und eine landesübergreifende Ausbreitung zu befürchten ist, die erforderlichen Maßnahmen einzuleiten.

In der Verwaltungsvorschrift kann auch eine Zusammenarbeit der beteiligten Behörden von Bund und Ländern und anderen beteiligten Stellen geregelt werden.

3. Abschnitt

Epidemiologische Überwachung

§ 6 Meldepflichtige Krankheiten

(1) Namentlich ist zu melden:

1.

der Verdacht einer Erkrankung, die Erkrankung sowie der Tod in Bezug auf die folgenden Krankheiten:

a)

Botulismus,

b)

Cholera,

c)

Diphtherie,

d)

humane spongiforme Enzephalopathie, außer familiär-hereditärer Formen,

e)

akute Virushepatitis,

f)

enteropathisches hämolytisch-urämisches Syndrom (HUS),

g)

virusbedingtes hämorrhagisches Fieber,

h)

Keuchhusten,

i)

Masern,

j)

Meningokokken-Meningitis oder -Sepsis,

k)

Milzbrand,

l)

Mumps,

m)

Pest,

n)

Poliomyelitis,

o)

Röteln einschließlich Rötelnembryopathie,

p)

Tollwut,

q)

Typhus abdominalis oder Paratyphus,

r)

Windpocken,

sowie die Erkrankung und der Tod an einer behandlungsbedürftigen
Tuberkulose, auch wenn ein bakteriologischer Nachweis nicht vorliegt,

2.

der Verdacht auf und die Erkrankung an einer mikrobiell bedingten
Lebensmittelvergiftung oder an einer akuten infektiösen Gastroenteritis, wenn

a)

eine Person betroffen ist, die eine Tätigkeit im Sinne des § 42 Abs. 1
ausübt,

b)

zwei oder mehr gleichartige Erkrankungen auftreten, bei denen ein epidemischer Zusammenhang wahrscheinlich ist oder vermutet wird,

3.

der Verdacht einer über das übliche Ausmaß einer Impfreaktion hinausgehenden gesundheitlichen Schädigung,

4.

die Verletzung eines Menschen durch ein tollwutkrankes, -verdächtiges oder -ansteckungsverdächtiges Tier sowie die Berührung eines solchen Tieres oder Tierkörpers,

5.

das Auftreten einer bedrohlichen übertragbaren Krankheit, die nicht bereits nach den Nummern 1 bis 4 meldepflichtig ist.

Die Meldung nach Satz 1 hat gemäß § 8 Absatz 1 Nummer 1, 3 bis 8, § 9 Absatz 1, 2, 3 Satz 1 oder 3 zu erfolgen.

(2) Dem Gesundheitsamt ist über die Meldung nach Absatz 1 Nr. 1 hinaus zu melden, wenn Personen, die an einer behandlungsbedürftigen Lungentuberkulose leiden, eine Behandlung verweigern oder abbrechen. Die Meldung nach Satz 1 hat gemäß § 8 Absatz 1 Nummer 1, § 9 Absatz 1 und 3 Satz 1 oder 3 zu erfolgen.

(3) Nichtnamentlich ist das Auftreten von zwei oder mehr nosokomialen Infektionen zu melden, bei denen ein epidemischer Zusammenhang wahrscheinlich ist oder vermutet wird. Die Meldung nach Satz 1 hat gemäß § 8 Absatz 1 Nummer 1, 3 oder 5, § 10 Absatz 1 zu erfolgen.

§ 7 Meldepflichtige Nachweise von Krankheitserregern

(1) Namentlich ist bei folgenden Krankheitserregern, soweit nicht anders bestimmt, der direkte oder indirekte Nachweis zu melden, soweit die Nachweise auf eine akute Infektion hinweisen:

1.

Adenoviren; Meldepflicht nur für den direkten Nachweis im Konjunktivalabstrich

2.

Bacillus anthracis

3.

Bordetella pertussis, Bordetella parapertussis

4.

Borrelia recurrentis

5.

Brucella sp.

6.

Campylobacter sp., darmpathogen

7.

Chlamydia psittaci

8.

Clostridium botulinum oder Toxinnachweis

9.

Corynebacterium spp., Toxin bildend

10.

Coxiella burnetii

11.

humanpathogene Cryptosporidium sp.

12.

Ebolavirus

13.

a)

Escherichia coli, enterohämorrhagische Stämme (EHEC)

b)

Escherichia coli, sonstige darmpathogene Stämme

14.

Francisella tularensis

15.

FSME-Virus

16.

Gelbfiebervirus

17.

Giardia lamblia

18.

Haemophilus influenzae; Meldepflicht nur für den direkten Nachweis aus Liquor oder Blut

19.

Hantaviren

20.

Hepatitis-A-Virus

21.

Hepatitis-B-Virus; Meldepflicht für alle Nachweise

22.

Hepatitis-C-Virus; Meldepflicht für alle Nachweise

23.

Hepatitis-D-Virus; Meldepflicht für alle Nachweise

24.

Hepatitis-E-Virus

25.

Influenzaviren; Meldepflicht nur für den direkten Nachweis

26.

Lassavirus

27.

Legionella sp.

28.

humanpathogene Leptospira sp.

29.

Listeria monocytogenes; Meldepflicht nur für den direkten Nachweis aus Blut, Liquor oder anderen normalerweise sterilen Substraten sowie aus Abstrichen von Neugeborenen

30.
Marburgvirus

31.
Masernvirus

32.
Mumpsvirus

33.
Mycobacterium leprae

34.
Mycobacterium tuberculosis/africanum, Mycobacterium bovis; Meldepflicht für den direkten Erregernachweis sowie nachfolgend für das Ergebnis der Resistenzbestimmung; vorab auch für den Nachweis säurefester Stäbchen im Sputum

35.
Neisseria meningitidis; Meldepflicht nur für den direkten Nachweis aus Liquor, Blut, hämorrhagischen Hautinfiltraten oder anderen normalerweise sterilen Substraten

36.
Norovirus

37.
Poliovirus

38.
Rabiesvirus

39.
Rickettsia prowazekii

40.
Rotavirus

41.

Rubellavirus

42.

Salmonella Paratyphi; Meldepflicht für alle direkten Nachweise

43.

Salmonella Typhi; Meldepflicht für alle direkten Nachweise

44.

Salmonella, sonstige

45.

Shigella sp.

46.

Trichinella spiralis

47.

Varizella-Zoster-Virus

48.

Vibrio cholerae O 1 und O 139

49.

Yersinia pestis

50.

Yersinia spp., darmpathogen

51.

andere Erreger hämorrhagischer Fieber.

Die Meldung nach Satz 1 hat gemäß § 8 Absatz 1 Nummer 2, 3, 4 oder Absatz 4, § 9 Absatz 1, 2, 3 Satz 1 oder 3 zu erfolgen.

(2) Namentlich sind in Bezug auf Infektionen und Kolonisationen Nachweise von in dieser Vorschrift nicht genannten Krankheitserregern zu melden, wenn unter Berücksichtigung der Art der Krankheitserreger und der Häufigkeit ihres Nachweises Hinweise auf eine schwerwiegende Gefahr für die Allgemeinheit bestehen. Die Meldung nach Satz 1 hat gemäß § 8 Absatz 1 Nummer 2, 3 oder Absatz 4, § 9 Absatz 2, 3 Satz 1 oder 3 zu erfolgen.

(3) Nichtnamentlich ist bei folgenden Krankheitserregern der direkte oder indirekte Nachweis zu melden:

1.

    Treponema pallidum

2.

    HIV

3.

    Echinococcus sp.

4.

    Plasmodium sp.

5.

    Toxoplasma gondii; Meldepflicht nur bei konnatalen Infektionen.

Die Meldung nach Satz 1 hat gemäß § 8 Absatz 1 Nummer 2, 3 oder Absatz 4, § 10 Absatz 2 zu erfolgen.

<h2 style="text-align:center">§ 8 Zur Meldung verpflichtete Personen</h2>

(1) Zur Meldung sind verpflichtet:

1.

    im Falle des § 6 der feststellende Arzt; in Einrichtungen nach § 23 Absatz 5 Satz 1 ist für die Einhaltung der Meldepflicht neben dem feststellenden Arzt auch der leitende Arzt, in Krankenhäusern mit mehreren selbständigen Abteilungen der leitende Abteilungsarzt, in Einrichtungen ohne leitenden Arzt der behandelnde Arzt verantwortlich,

2.

    im Falle des § 7 die Leiter von Medizinaluntersuchungsämtern und sonstigen privaten oder öffentlichen Untersuchungsstellen einschließlich von Arztpraxen mit Infektionserregerdiagnostik und Krankenhauslaboratorien,

3.

    im Falle der §§ 6 und 7 die Leiter von Einrichtungen der pathologisch-anatomischen Diagnostik,

4.

im Falle des § 6 Absatz 1 Satz 1 Nr. 4 und im Falle des § 7 Absatz 1 Satz 1 Nummer 38 bei Tieren, mit denen Menschen Kontakt gehabt haben, auch der Tierarzt,

5.

im Falle des § 6 Absatz 1 Satz 1 Nr. 1, 2 und 5 und Abs. 3 Angehörige eines anderen Heil- oder Pflegeberufs, der für die Berufsausübung oder die Führung der Berufsbezeichnung eine staatlich geregelte Ausbildung oder Anerkennung erfordert,

6.

(weggefallen)

7.

im Falle des § 6 Absatz 1 Satz 1 Nummer 1, 2 und 5 die Leiter von Einrichtungen nach § 36 Absatz 1 Nummer 1 bis 6,

8.

im Falle des § 6 Absatz 1 Satz 1 der Heilpraktiker.

(2) Die Meldepflicht besteht nicht für Personen des Not- und Rettungsdienstes, wenn der Patient unverzüglich in eine ärztlich geleitete Einrichtung gebracht wurde. Die Meldepflicht besteht für die in Absatz 1 Nr. 5 bis 7 bezeichneten Personen nur, wenn ein Arzt nicht hinzugezogen wurde.

(3) Die Meldepflicht besteht nicht, wenn dem Meldepflichtigen ein Nachweis vorliegt, dass die Meldung bereits erfolgte und andere als die bereits gemeldeten Angaben nicht erhoben wurden. Eine Meldepflicht besteht ebenfalls nicht für Erkrankungen, bei denen der Verdacht bereits gemeldet wurde und andere als die bereits gemeldeten Angaben nicht erhoben wurden.

(4) Absatz 1 Nr. 2 gilt entsprechend für Personen, die die Untersuchung zum Nachweis von Krankheitserregern außerhalb des Geltungsbereichs dieses Gesetzes durchführen lassen.

(5) (weggefallen)

§ 9 Namentliche Meldung

(1) Die namentliche Meldung durch eine der in § 8 Absatz 1 Nummer 1 und 4 bis 8 genannten Personen muss, soweit vorliegend, folgende Angaben enthalten:

1.

zur betroffenen Person:

a)

Name und Vorname,

b)

Geschlecht,

c)

Geburtsdatum,

d)

Anschrift der Hauptwohnung oder des gewöhnlichen Aufenthaltsortes und, falls abweichend: Anschrift des derzeitigen Aufenthaltsortes,

e)

weitere Kontaktdaten,

f)

Tätigkeit in Einrichtungen und Unternehmen nach § 23 Absatz 5 oder nach § 36 Absatz 1 und 2 mit Namen, Anschrift und weiteren Kontaktdaten der Einrichtung oder des Unternehmens,

g)

Tätigkeit nach § 42 Absatz 1 bei akuter Gastroenteritis, bei akuter Virushepatitis, bei Typhus abdominalis oder Paratyphus und bei Cholera mit Namen, Anschrift und weiteren Kontaktdaten der Einrichtung oder des Unternehmens,

h)

Betreuung oder Unterbringung in Einrichtungen nach § 23 Absatz 5 Satz 1 oder § 36 Absatz 1 Nummer 1 bis 6 mit Namen, Anschrift und weiteren Kontaktdaten der Einrichtung,

i)

Diagnose oder Verdachtsdiagnose,

j)

Tag der Erkrankung, Tag der Diagnose, gegebenenfalls Tag des Todes und wahrscheinlicher Zeitpunkt oder Zeitraum der Infektion,

k)

wahrscheinliche Infektionsquelle, einschließlich der zugrunde liegenden Tatsachen,

l)

in Deutschland: Landkreis oder kreisfreie Stadt, in dem oder in der die Infektion wahrscheinlich erworben worden ist, ansonsten Staat, in dem die Infektion wahrscheinlich erworben worden ist,

m)

bei Tuberkulose, Hepatitis B und Hepatitis C: Geburtsstaat, Staatsangehörigkeit und gegebenenfalls Jahr der Einreise nach Deutschland,

n)

Überweisung, Aufnahme und Entlassung aus einer Einrichtung nach § 23 Absatz 5 Satz 1, gegebenenfalls intensivmedizinische Behandlung und deren Dauer,

o)

Spender für eine Blut-, Organ-, Gewebe- oder Zellspende in den letzten sechs Monaten,

p)

bei impfpräventablen Krankheiten Angaben zum diesbezüglichen Impfstatus,

2.

Name, Anschrift und weitere Kontaktdaten der Untersuchungsstelle, die mit der Erregerdiagnostik beauftragt ist,

3.

Name, Anschrift und weitere Kontaktdaten des Meldenden und

4.

bei einer Meldung nach § 6 Absatz 1 Satz 1 Nummer 3 die Angaben zur Schutzimpfung nach § 22 Absatz 2.

(2) Die namentliche Meldung durch eine in § 8 Absatz 1 Nummer 2 und 3 genannte Person muss, soweit vorliegend, folgende Angaben enthalten:

1.

zur betroffenen Person:

a)

Name und Vorname,

b)

Geschlecht,

c)

Geburtsdatum,

d)

Anschrift der Hauptwohnung oder des gewöhnlichen Aufenthaltsortes und, falls abweichend: Anschrift des derzeitigen Aufenthaltsortes,

e)

weitere Kontaktdaten,

f)

Art des Untersuchungsmaterials,

g)

Eingangsdatum des Untersuchungsmaterials,

h)

Nachweismethode,

i)

Untersuchungsbefund, einschließlich Typisierungsergebnissen, und

j)

erkennbare Zugehörigkeit zu einer Erkrankungshäufung,

2.

Name, Anschrift und weitere Kontaktdaten des Einsenders und

3.

Name, Anschrift und weitere Kontaktdaten des Meldenden.

Der Einsender hat den Meldenden bei dessen Angaben nach Satz 1 zu unterstützen und diese Angaben gegebenenfalls zu vervollständigen. Bei einer Untersuchung auf Hepatitis C hat der Einsender dem Meldenden mitzuteilen, ob ihm eine chronische Hepatitis C bei der betroffenen Person bekannt ist.

(3) Die namentliche Meldung muss unverzüglich erfolgen und dem zuständigen Gesundheitsamt nach Absatz 4 spätestens 24 Stunden, nachdem der Meldende Kenntnis erlangt hat, vorliegen. Eine Meldung darf wegen einzelner fehlender Angaben nicht verzögert werden. Die Nachmeldung oder Korrektur von Angaben hat unverzüglich nach deren Vorliegen an das Gesundheitsamt zu erfolgen, das die ursprüngliche Meldung erhalten hat. Das Gesundheitsamt ist befugt, von dem Meldenden Auskunft über Angaben zu verlangen, die die Meldung zu enthalten hat. Der Meldende hat dem Gesundheitsamt unverzüglich anzugeben, wenn sich eine Verdachtsmeldung nicht bestätigt hat.

(4) Meldungen nach Absatz 1 haben an das Gesundheitsamt zu erfolgen, in dessen Bezirk sich die betroffene Person derzeitig aufhält oder zuletzt aufhielt. Sofern die betroffene Person in einer Einrichtung gemäß Absatz 1 Nummer 1 Buchstabe h betreut oder untergebracht ist, haben Meldungen nach Absatz 1 an das Gesundheitsamt zu erfolgen, in dessen Bezirk sich die Einrichtung befindet. Meldungen nach Absatz 2 haben an das Gesundheitsamt zu erfolgen, in dessen Bezirk die Einsender ihren Sitz haben.

(5) Die verarbeiteten Daten zu meldepflichtigen Krankheiten und Nachweisen von Krankheitserregern werden jeweils fallbezogen mit den Daten der zu diesem Fall geführten Ermittlungen und getroffenen Maßnahmen sowie mit den daraus gewonnenen Erkenntnissen auch an das Gesundheitsamt übermittelt,

1.

in dessen Bezirk die betroffene Person ihre Hauptwohnung hat oder zuletzt hatte oder

2.

in dessen Bezirk sich die betroffene Person gewöhnlich aufhält, falls ein Hauptwohnsitz nicht feststellbar ist oder falls die betroffene Person sich dort gewöhnlich nicht aufhält.

§ 10 Nichtnamentliche Meldung

(1) Die nichtnamentliche Meldung nach § 6 Absatz 3 Satz 1 muss unverzüglich erfolgen und dem Gesundheitsamt, in dessen Bezirk sich die Einrichtung befindet, spätestens 24 Stunden nach der Feststellung des Ausbruchs vorliegen. Die Meldung muss, soweit vorliegend, folgende Angaben enthalten:

1.

Name, Anschrift und weitere Kontaktdaten

a)

der betroffenen Einrichtung,

b)

des Meldenden,

c)

der mit der Erregerdiagnostik beauftragten Untersuchungsstelle und

2.

folgende einzelfallbezogene Angaben zu den aufgetretenen nosokomialen Infektionen sowie zu allen damit wahrscheinlich oder vermutlich in epidemischem Zusammenhang stehenden Kolonisationen:

a)

Geschlecht der betroffenen Person,

b)

Monat und Jahr der Geburt der betroffenen Person,

c)

Untersuchungsbefund, einschließlich Typisierungsergebnissen,

d)

Diagnose,

e)

Datum der Diagnose,

f)

wahrscheinliche Infektionsquelle, einschließlich der zugrunde liegenden Tatsachen.

§ 9 Absatz 3 Satz 2 bis 4 gilt entsprechend.

(2) Die nichtnamentliche Meldung nach § 7 Absatz 3 Satz 1 muss innerhalb von zwei Wochen, nachdem der Meldende Kenntnis erlangt hat, an das Robert Koch-Institut erfolgen. Das Robert Koch-Institut bestimmt die technischen Übermittlungsstandards. Die Meldung muss folgende Angaben enthalten:

1.

in den Fällen des § 7 Absatz 3 Satz 1 Nummer 2 eine fallbezogene Pseudonymisierung nach Absatz 3,

2.

Geschlecht der betroffenen Person,

3.

Monat und Jahr der Geburt der betroffenen Person,

4.

die ersten drei Ziffern der Postleitzahl der Hauptwohnung oder des gewöhnlichen Aufenthaltsortes,

5.

Untersuchungsbefund einschließlich Typisierungsergebnissen,

6.

Monat und Jahr der Diagnose,

7.

Art des Untersuchungsmaterials,

8.

Nachweismethode,

9.

wahrscheinlicher Infektionsweg und wahrscheinliches Infektionsrisiko,

10.

Staat, in dem die Infektion wahrscheinlich erfolgt ist,

11.

bei Malaria Angaben zur Expositions- und Chemoprophylaxe,

12.

Name, Anschrift und weitere Kontaktdaten des Einsenders und

13.

Name, Anschrift und weitere Kontaktdaten des Meldenden.

Der Einsender hat den Meldenden bei den Angaben nach Satz 3 zu unterstützen und diese Angaben gegebenenfalls zu vervollständigen. § 9 Absatz 3 Satz 2 bis 4 gilt entsprechend.

(3) Die fallbezogene Pseudonymisierung besteht aus dem dritten Buchstaben des ersten Vornamens in Verbindung mit der Anzahl der Buchstaben des ersten Vornamens sowie dem dritten Buchstaben des ersten Nachnamens in Verbindung mit der Anzahl der Buchstaben des ersten Nachnamens. Bei Doppelnamen wird jeweils nur der erste Teil des Namens berücksichtigt; Umlaute werden in zwei Buchstaben dargestellt. Namenszusätze bleiben unberücksichtigt. § 14 Absatz 3 bleibt unberührt. Angaben nach den Sätzen 1 bis 3 und die Angaben zum Monat der Geburt dürfen vom Robert Koch-Institut lediglich zu der Prüfung, ob verschiedene Meldungen sich auf denselben Fall beziehen, verarbeitet und genutzt werden. Sie sind zu löschen, sobald nicht mehr zu erwarten ist, dass die damit bewirkte Einschränkung der Prüfung nach Satz 5 eine nicht unerhebliche Verfälschung der aus den Meldungen zu gewinnenden epidemiologischen Beurteilung bewirkt.

§ 11 Übermittlung an die zuständige Landesbehörde und an das Robert Koch-Institut

(1) Die verarbeiteten Daten zu meldepflichtigen Krankheiten und Nachweisen von Krankheitserregern werden anhand der Falldefinitionen nach Absatz 2 bewertet und spätestens am folgenden Arbeitstag durch das nach Absatz 3 zuständige

Gesundheitsamt der zuständigen Landesbehörde sowie von dort spätestens am folgenden Arbeitstag dem Robert Koch-Institut mit folgenden Angaben übermittelt:

1.

 zur betroffenen Person:

 a)

  Geschlecht,

 b)

  Monat und Jahr der Geburt,

 c)

  Tag der Erkrankung, Tag der Diagnose, gegebenenfalls Tag des Todes und wahrscheinlicher Zeitpunkt oder Zeitraum der Infektion,

 d)

  Untersuchungsbefund, einschließlich Typisierungsergebnissen,

 e)

  wahrscheinlicher Infektionsweg, wahrscheinliches Infektionsrisiko einschließlich Impfstatus, erkennbare Zugehörigkeit zu einer Erkrankungshäufung,

 f)

  gegebenenfalls Informationen zur Art der Einrichtung bei Tätigkeit, Betreuung oder Unterbringung in Einrichtungen und Unternehmen nach § 23 Absatz 5 oder § 36 Absatz 1 und 2,

 g)

  in Deutschland: Landkreis oder kreisfreie Stadt, in dem oder in der die Infektion wahrscheinlich erfolgt ist, ansonsten Staat, in dem die Infektion wahrscheinlich erfolgt ist,

 h)

  bei reiseassoziierter Legionellose: Name und Anschrift der Unterkunft,

 i)

bei Tuberkulose, Hepatitis B und Hepatitis C: Geburtsstaat, Staatsangehörigkeit und gegebenenfalls Jahr der Einreise nach Deutschland,

j)
Überweisung, Aufnahme und Entlassung aus einer Einrichtung nach § 23 Absatz 5 Satz 1, gegebenenfalls intensivmedizinische Behandlung und deren Dauer,

2.
zuständige Gesundheitsämter und

3.
Datum der Meldung.

In den Fällen der Meldung nach § 6 Absatz 3 Satz 1 sind nur die Angaben nach Satz 1 Nummer 2 und 3 sowie zu den aufgetretenen nosokomialen Infektionen und den damit zusammenhängenden Kolonisationen jeweils nur die Angaben nach Satz 1 Nummer 1 Buchstabe a bis e erforderlich. Für die Übermittlungen von den zuständigen Landesbehörden an das Robert Koch-Institut bestimmt das Robert Koch-Institut die technischen Übermittlungsstandards. Frühere Übermittlungen sind gegebenenfalls zu berichtigen und zu ergänzen, insoweit gelten die Sätze 1 bis 3 entsprechend.

(2) Das Robert Koch-Institut erstellt entsprechend den jeweiligen epidemiologischen Erfordernissen die Falldefinitionen für die Bewertung von Erkrankungs- oder Todesfällen und Nachweisen von Krankheitserregern und schreibt sie fort.

(3) Für die Übermittlung nach Absatz 1 ist das Gesundheitsamt zuständig, in dessen Bezirk die betroffene Person ihre Hauptwohnung hat oder zuletzt hatte. Falls ein Hauptwohnsitz nicht feststellbar ist oder die betroffene Person sich dort gewöhnlich nicht aufhält, so ist das Gesundheitsamt zuständig, in dessen Bezirk sich die betroffene Person gewöhnlich aufhält. Falls ein solcher Aufenthaltsort nicht feststellbar ist oder in den Fällen der Meldung nach § 6 Absatz 3 Satz 1 ist das Gesundheitsamt zuständig, welches die Daten erstmals verarbeitet hat. Das nach

den Sätzen 1 bis 3 zuständige Gesundheitsamt kann diese Zuständigkeit an ein anderes Gesundheitsamt mit dessen Zustimmung abgeben, insbesondere wenn schwerpunktmäßig im Zuständigkeitsbereich des anderen Gesundheitsamtes weitere Ermittlungen nach § 25 Absatz 1 angestellt werden müssen.

(4) Einen nach § 6 Absatz 1 Satz 1 Nummer 3 gemeldeten Verdacht einer über das übliche Ausmaß einer Impfreaktion hinausgehenden gesundheitlichen Schädigung übermittelt das Gesundheitsamt unverzüglich der zuständigen Landesbehörde. Das Gesundheitsamt übermittelt alle notwendigen Angaben, sofern es diese Angaben ermitteln kann, wie Bezeichnung des Produktes, Name oder Firma des pharmazeutischen Unternehmers, die Chargenbezeichnung, den Zeitpunkt der Impfung und den Beginn der Erkrankung. Über die betroffene Person sind ausschließlich das Geburtsdatum, das Geschlecht sowie der erste Buchstabe des ersten Vornamens und der erste Buchstabe des ersten Nachnamens anzugeben. Die zuständige Behörde übermittelt die Angaben unverzüglich dem Paul-Ehrlich-Institut. Die personenbezogenen Daten sind zu pseudonymisieren.

§ 12 Übermittlungen und Mitteilungen auf Grund völker- und unionsrechtlicher Vorschriften

(1) Im Hinblick auf eine übertragbare Krankheit, die nach Anlage 2 der Internationalen Gesundheitsvorschriften (2005) vom 23. Mai 2005 (BGBl. 2007 II S. 930, 932) eine gesundheitliche Notlage von internationaler Tragweite im Sinne von Artikel 1 Absatz 1 der Internationalen Gesundheitsvorschriften (2005) darstellen könnte, übermittelt die zuständige Behörde der zuständigen Landesbehörde unverzüglich folgende Angaben:

1.

das Auftreten der übertragbaren Krankheit, Tatsachen, die auf das Auftreten der übertragbaren Krankheit hinweisen, oder Tatsachen, die zum Auftreten der übertragbaren Krankheit führen können,

2.

die getroffenen Maßnahmen und

28

3.

sonstige Informationen, die für die Bewertung der Tatsachen und für die Verhütung und Bekämpfung der übertragbaren Krankheit von Bedeutung sind.

Die zuständige Behörde und die zuständige Landesbehörde dürfen im Rahmen dieser Vorschrift nicht übermitteln

1.

zur betroffenen Person:

a)

den Namen und Vornamen,

b)

Tag der Geburt und

c)

Anschrift der Hauptwohnung oder des gewöhnlichen Aufenthaltsortes und

2.

den Namen des Meldenden.

Die zuständige Landesbehörde übermittelt die in Satz 1 genannten Angaben unverzüglich dem Robert Koch-Institut. Darüber hinaus übermittelt die zuständige Landesbehörde dem Robert Koch-Institut auf dessen Anforderung unverzüglich alle ihr vorliegenden Informationen, die für Mitteilungen an die Weltgesundheitsorganisation im Sinne der Artikel 6 bis 12 und 19 Buchstabe c der Internationalen Gesundheitsvorschriften (2005) erforderlich sind. Für die Übermittlungen von den zuständigen Landesbehörden an das Robert Koch-Institut kann das Robert Koch-Institut die technischen Übermittlungsstandards bestimmen. Das Robert Koch-Institut bewertet die ihm übermittelten Angaben nach der Anlage 2 der Internationalen Gesundheitsvorschriften (2005) und nimmt die Aufgaben nach § 4 Absatz 1 Nummer 1 des IGV-Durchführungsgesetzes wahr.

(2) Im Hinblick auf Gefahren biologischen oder unbekannten Ursprungs nach Artikel 2 Absatz 1 Buchstabe a oder d des Beschlusses Nr. 1082/2013/EU des

Europäischen Parlaments und des Rates vom 22. Oktober 2013 zu schwerwiegenden grenzüberschreitenden Gesundheitsgefahren und zur Aufhebung der Entscheidung Nr. 2119/98/EG (ABl. L 293 vom 5.11.2013, S. 1; L 231 vom 4.9.2015, S. 16) übermittelt die zuständige Behörde der zuständigen Landesbehörde unverzüglich alle Angaben, die für Übermittlungen nach den Artikeln 6 bis 9 des Beschlusses Nr. 1082/2013/EU erforderlich sind. Die zuständige Landesbehörde übermittelt diese Angaben unverzüglich dem Robert Koch-Institut. Für die Übermittlung an das Robert Koch-Institut kann das Robert Koch-Institut die technischen Übermittlungsstandards bestimmen. Das Robert Koch-Institut ist in dem in Satz 1 genannten Bereich der Gefahren biologischen oder unbekannten Ursprungs die zuständige nationale Behörde im Sinne der Artikel 6 und 8 bis 10 des Beschlusses Nr. 1082/2013/EU.

(3) Abweichungen von den Regelungen des Verwaltungsverfahrens in Absatz 1 Satz 1 bis 5 und Absatz 2 Satz 1 bis 3 durch Landesrecht sind ausgeschlossen.

§ 12a (weggefallen)

§ 13 Weitere Formen der epidemiologischen Überwachung;
Verordnungsermächtigung

(1) Zur Überwachung übertragbarer Krankheiten können der Bund und die Länder weitere Formen der epidemiologischen Überwachung durchführen. Bei Erhebungen des Bundes ist den jeweils zuständigen Landesbehörden Gelegenheit zu geben, sich zu beteiligen. Das Bundesministerium für Gesundheit kann im Benehmen mit den jeweils zuständigen obersten Landesgesundheitsbehörden festlegen, welche Krankheiten und Krankheitserreger durch Erhebungen nach Satz 1 überwacht werden.

(2) Das Robert Koch-Institut kann insbesondere nach Absatz 1 zur Überwachung übertragbarer Krankheiten in Zusammenarbeit mit ausgewählten Einrichtungen der Gesundheitsvorsorge oder -versorgung Sentinel-Erhebungen zu Personen, die

diese Einrichtungen unabhängig von der Erhebung in Anspruch nehmen, koordinieren und durchführen zur Ermittlung

1.

   der Verbreitung übertragbarer Krankheiten, wenn diese Krankheiten von großer gesundheitlicher Bedeutung für das Gemeinwohl sind, und

2.

   des Anteils der Personen, der gegen bestimmte Erreger nicht immun ist, sofern dies notwendig ist, um die Gefährdung der Bevölkerung durch diese Krankheitserreger zu bestimmen.

Die Sentinel-Erhebungen können auch über anonyme unverknüpfbare Testungen an Restblutproben oder anderem geeigneten Material erfolgen. Werden personenbezogene Daten verwendet, die bereits bei der Vorsorge oder Versorgung erhoben wurden, sind diese zu anonymisieren. Bei den Erhebungen dürfen keine Daten erhoben werden, die eine Identifizierung der in die Untersuchung einbezogenen Personen erlauben. Die obersten Landesgesundheitsbehörden können zusätzliche Sentinel-Erhebungen durchführen.

(3) Das Bundesministerium für Gesundheit wird ermächtigt, durch Rechtsverordnung mit Zustimmung des Bundesrates festzulegen, dass die Träger der in § 8 Absatz 1 Nummer 2 und 3 genannten Einrichtungen verpflichtet sind, Untersuchungsmaterial, aus dem meldepflichtige Nachweise von bestimmten Krankheitserregern gewonnen wurden, sowie Isolate der entsprechenden Erreger zum Zwecke weiterer Untersuchungen und der Verwahrung (molekulare Surveillance) an bestimmte Einrichtungen der Spezialdiagnostik abzuliefern, insbesondere an nationale Referenzzentren, an Konsiliarlaboratorien, an das Robert Koch-Institut und an fachlich unabhängige Landeslaboratorien. Das abgelieferte Material kann mit einer fallbezogenen Pseudonymisierung versehen werden. Daten, die eine Identifizierung der in die Untersuchung einbezogenen Personen erlauben, dürfen nicht übermittelt werden. Enthält das Untersuchungsmaterial humangenetische Bestandteile, sind angemessene

Maßnahmen zu treffen, die eine Identifizierung betroffener Personen verhindern; humangenetische Analysen des Untersuchungsmaterials sind verboten. In der Rechtsverordnung kann insbesondere bestimmt werden,

1.

dass die Ablieferung nur in bestimmten Fällen oder nur auf Anforderung zu erfolgen hat,

2.

wann eine Pseudonymisierung nach Satz 2 zu erfolgen hat und welche Verfahren bei der Bildung dieser Pseudonymisierung und bei den Maßnahmen nach Satz 4 anzuwenden sind,

3.

dass Angaben zu Art und Herkunft des Untersuchungsmaterials sowie zu Zeitpunkt und Umständen der Probennahme zu übermitteln sind und

4.

in welchem Verfahren und in welcher Höhe die durch die Ablieferungspflicht entstehenden Kosten für die Vorbereitung, die Verpackung und den Versand der Proben erstattet werden und welcher Kostenträger diese Kosten übernimmt.

Die Länder können zusätzliche Maßnahmen der molekularen Surveillance treffen.

§ 14 Elektronisches Melde- und Informationssystem; Verordnungsermächtigung

(1) Für die Erfüllung der Aufgaben nach Maßgabe der Zwecke dieses Gesetzes richtet das Robert Koch-Institut nach Weisung des Bundesministeriums für Gesundheit und nach Maßgabe der technischen Möglichkeiten ein elektronisches Melde- und Informationssystem ein. Das Robert Koch-Institut kann einen IT-Dienstleister des Bundes mit der technischen Umsetzung beauftragen. Die Zusammenarbeit von Bund und Ländern bei der Umsetzung des elektronischen Melde- und Informationssystems wird durch einen gemeinsamen Planungsrat koordiniert. Sofern eine Nutzungspflicht für das elektronische Melde- und

Informationssystem besteht, ist den Anwendern mindestens eine kostenlose Software-Lösung bereitzustellen.

(2) Im elektronischen Melde- und Informationssystem können insbesondere folgende Daten fallbezogen verarbeitet und genutzt werden:

1.

die Daten zu meldepflichtigen Krankheiten und Nachweisen von Krankheitserregern nach den §§ 6 und 7 und die Daten aus Benachrichtigungen nach den §§ 34 und 36,

2.

die Daten, die bei den Meldungen nach dem IGV-Durchführungsgesetz und im Rahmen von § 12 erhoben worden sind,

3.

die Daten, die im Rahmen der epidemiologischen Überwachung nach § 13 erhoben worden sind,

4.

die im Verfahren zuständigen Behörden und Ansprechpartner,

5.

die Daten über die von den zuständigen Behörden nach den §§ 25 bis 32 geführten Ermittlungen, getroffenen Maßnahmen und die daraus gewonnenen Erkenntnisse und

6.

sonstige Informationen, die für die Bewertung, Verhütung und Bekämpfung der übertragbaren Krankheit von Bedeutung sind.

(3) Im elektronischen Melde- und Informationssystem werden die verarbeiteten Daten zu meldepflichtigen Krankheiten und Nachweisen von Krankheitserregern nach den §§ 6 und 7 und aus Benachrichtigungen nach den §§ 34 und 36 jeweils fallbezogen mit den Daten der zu diesem Fall geführten Ermittlungen, getroffenen Maßnahmen und den daraus gewonnenen Erkenntnissen automatisiert

1.

pseudonymisiert,

33

2.

den zuständigen Behörden übermittelt mit der Möglichkeit, dass sie diese Daten im Rahmen ihrer jeweiligen Zuständigkeit verarbeiten und nutzen können,

3.

gegebenenfalls gemäß den Falldefinitionen nach § 11 Absatz 2 bewertet und

4.

gemeinsam mit den Daten nach den Nummern 1 bis 3 nach einer krankheitsspezifischen Dauer gelöscht, es sei denn, es handelt sich um epidemiologische Daten, die nach den §§ 11 und 12 übermittelt wurden; § 1a bleibt unberührt.

(4) Im elektronischen Melde- und Informationssystem können die verarbeiteten Daten zu meldepflichtigen Krankheiten und Nachweisen von Krankheitserregern nach den §§ 6 und 7 und aus Benachrichtigungen nach den §§ 34 und 36 daraufhin automatisiert überprüft werden, ob sich diese Daten auf denselben Fall beziehen.

(5) Im elektronischen Melde- und Informationssystem können die verarbeiteten Daten zu meldepflichtigen Krankheiten und Nachweisen von Krankheitserregern nach den §§ 6 und 7 und aus Benachrichtigungen nach den §§ 34 und 36 daraufhin automatisiert überprüft werden, ob es ein gehäuftes Auftreten von übertragbaren Krankheiten gibt, bei denen ein epidemischer Zusammenhang wahrscheinlich ist.

(6) Der Zugriff auf gespeicherte Daten ist nur im gesetzlich bestimmten Umfang zulässig, sofern die Kenntnis der Daten zur Erfüllung der gesetzlichen Aufgaben der beteiligten Behörden erforderlich ist. Eine Wiederherstellung des Personenbezugs bei pseudonymisierten Daten ist nur zulässig, sofern diese Daten auf der Grundlage eines Gesetzes der beteiligten Behörde übermittelt werden dürfen. Es wird gewährleistet, dass auch im Bereich der Verschlüsselungstechnik und der Authentifizierung organisatorische und dem jeweiligen Stand der Technik entsprechende Maßnahmen getroffen werden, um den Datenschutz und die

Datensicherheit und insbesondere die Vertraulichkeit und Integrität der im elektronischen Melde- und Informationssystem gespeicherten Daten sicherzustellen. Unter diesen Voraussetzungen kann die Übermittlung der Daten auch durch eine verschlüsselte Datenübertragung über das Internet erfolgen.

(7) Bis zur Einrichtung des elektronischen Melde- und Informationssystems kann das Robert Koch-Institut im Einvernehmen mit den zuständigen obersten Landesgesundheitsbehörden zur Erprobung für die freiwillig teilnehmenden meldepflichtigen Personen und für die zuständigen Gesundheitsämter Abweichungen von den Vorschriften des Melde- und Übermittlungsverfahrens zulassen.

(8) Das Bundesministerium für Gesundheit wird ermächtigt, durch Rechtsverordnung mit Zustimmung des Bundesrates, festzulegen,

1.

dass beteiligte Behörden für die Erfüllung der Aufgaben nach diesem Gesetz das elektronische Melde- und Informationssystem zu nutzen und bei der Nutzung ein bestimmtes Verfahren einzuhalten haben,

2.

dass Melde- und Benachrichtigungspflichtige oder bestimmte Gruppen von Melde- und Benachrichtigungspflichtigen ihrer Verpflichtung zur Meldung und Benachrichtigung durch Nutzung des elektronischen Melde- und Informationssystems nachzukommen haben und dabei nur Meldeportale oder elektronische Programme nutzen dürfen, die vom Robert Koch-Institut zugelassen sind,

3.

welcher IT-Dienstleister des Bundes mit der technischen Umsetzung beauftragt wird und wie der gemeinsame Planungsrat besetzt wird,

4.

welche funktionalen und technischen Vorgaben einschließlich eines Sicherheitskonzepts dem elektronischen Melde- und Informationssystem zugrunde liegen müssen,

5.

welche notwendigen Test-, Authentifizierungs- und Zertifizierungsmaßnahmen sicherzustellen sind,

6.

nach welcher krankheitsspezifischen Dauer die im elektronischen Melde- und Informationssystem verarbeiteten personenbezogenen Daten nach Absatz 3 Nummer 4 zu löschen sind und

7.

welches Verfahren bei der Bildung der fallbezogenen Pseudonymisierung nach Absatz 3 anzuwenden ist; hierzu kann festgelegt werden, dass bei nichtnamentlichen Meldungen andere als die in § 10 Absatz 1 genannten Angaben übermittelt werden, die sofort nach Herstellung der fallbezogenen Pseudonymisierung zu löschen sind.

Sofern bei den Festlegungen und Maßnahmen Fragen der Datensicherheit berührt sind, sind diese Festlegungen und Maßnahmen im Einvernehmen mit dem Bundesamt für Sicherheit in der Informationstechnik zu treffen. Sofern bei den Festlegungen und Maßnahmen nach Satz 1 Fragen des Datenschutzes berührt sind, sind diese Festlegungen und Maßnahmen im Einvernehmen mit der oder dem Bundesbeauftragten für den Datenschutz und die Informationsfreiheit zu treffen.

(9) Abweichungen von den in dieser Vorschrift getroffenen Regelungen des Verwaltungsverfahrens durch Landesrecht sind ausgeschlossen.

§ 15 Anpassung der Meldepflicht an die epidemische Lage

(1) Das Bundesministerium für Gesundheit wird ermächtigt, durch Rechtsverordnung mit Zustimmung des Bundesrates die Meldepflicht für die in § 6 aufgeführten Krankheiten oder die in § 7 aufgeführten Krankheitserreger aufzuheben, einzuschränken oder zu erweitern oder die Meldepflicht auf andere übertragbare Krankheiten oder Krankheitserreger auszudehnen, soweit die epidemische Lage dies zulässt oder erfordert.

(2) In dringenden Fällen kann zum Schutz der Bevölkerung die Rechtsverordnung ohne Zustimmung des Bundesrates erlassen werden. Eine auf der Grundlage des Satzes 1 erlassene Verordnung tritt ein Jahr nach ihrem Inkrafttreten außer Kraft; ihre Geltungsdauer kann mit Zustimmung des Bundesrates verlängert werden.

(3) Solange das Bundesministerium für Gesundheit von der Ermächtigung nach Absatz 1 keinen Gebrauch macht, sind die Landesregierungen zum Erlass einer Rechtsverordnung nach Absatz 1 ermächtigt, sofern die Meldepflicht nach diesem Gesetz hierdurch nicht eingeschränkt oder aufgehoben wird. Sie können die Ermächtigung durch Rechtsverordnung auf andere Stellen übertragen.

4. Abschnitt

Verhütung übertragbarer Krankheiten

§ 16 Allgemeine Maßnahmen der zuständigen Behörde

(1) Werden Tatsachen festgestellt, die zum Auftreten einer übertragbaren Krankheit führen können, oder ist anzunehmen, dass solche Tatsachen vorliegen, so trifft die zuständige Behörde die notwendigen Maßnahmen zur Abwendung der dem Einzelnen oder der Allgemeinheit hierdurch drohenden Gefahren. Die bei diesen Maßnahmen erhobenen personenbezogenen Daten dürfen nur für Zwecke dieses Gesetzes verarbeitet und genutzt werden.

(2) In den Fällen des Absatzes 1 sind die Beauftragten der zuständigen Behörde und des Gesundheitsamtes zur Durchführung von Ermittlungen und zur Überwachung der angeordneten Maßnahmen berechtigt, Grundstücke, Räume, Anlagen und Einrichtungen sowie Verkehrsmittel aller Art zu betreten und Bücher oder sonstige Unterlagen einzusehen und hieraus Abschriften, Ablichtungen oder Auszüge anzufertigen sowie sonstige Gegenstände zu untersuchen oder Proben zur Untersuchung zu fordern oder zu entnehmen. Der Inhaber der tatsächlichen Gewalt ist verpflichtet, den Beauftragten der zuständigen Behörde und des Gesundheitsamtes Grundstücke, Räume, Anlagen, Einrichtungen und Verkehrsmittel sowie sonstige Gegenstände zugänglich zu machen. Personen, die

über die in Absatz 1 genannten Tatsachen Auskunft geben können, sind verpflichtet, auf Verlangen die erforderlichen Auskünfte insbesondere über den Betrieb und den Betriebsablauf einschließlich dessen Kontrolle zu erteilen und Unterlagen einschließlich dem tatsächlichen Stand entsprechende technische Pläne vorzulegen. Der Verpflichtete kann die Auskunft auf solche Fragen verweigern, deren Beantwortung ihn selbst oder einen der in § 383 Abs. 1 Nr. 1 bis 3 der Zivilprozessordnung bezeichneten Angehörigen der Gefahr strafrechtlicher Verfolgung oder eines Verfahrens nach dem Gesetz über Ordnungswidrigkeiten aussetzen würde; Entsprechendes gilt für die Vorlage von Unterlagen.

(3) Soweit es die Aufklärung der epidemischen Lage erfordert, kann die zuständige Behörde Anordnungen über die Übergabe von in Absatz 2 genannten Untersuchungsmaterialien zum Zwecke der Untersuchung und Verwahrung an Institute des öffentlichen Gesundheitsdienstes oder andere vom Land zu bestimmende Einrichtungen treffen.

(4) Das Grundrecht der Unverletzlichkeit der Wohnung (Artikel 13 Abs. 1 Grundgesetz) wird im Rahmen der Absätze 2 und 3 eingeschränkt.

(5) Wenn die von Maßnahmen nach den Absätzen 1 und 2 betroffenen Personen geschäftsunfähig oder in der Geschäftsfähigkeit beschränkt sind, hat derjenige für die Erfüllung der genannten Verpflichtung zu sorgen, dem die Sorge für die Person zusteht. Die gleiche Verpflichtung trifft den Betreuer einer von Maßnahmen nach den Absätzen 1 und 2 betroffenen Person, soweit die Erfüllung dieser Verpflichtung zu seinem Aufgabenkreis gehört.

(6) Die Maßnahmen nach Absatz 1 werden auf Vorschlag des Gesundheitsamtes von der zuständigen Behörde angeordnet. Kann die zuständige Behörde einen Vorschlag des Gesundheitsamtes nicht rechtzeitig einholen, so hat sie das Gesundheitsamt über die getroffene Maßnahme unverzüglich zu unterrichten.

(7) Bei Gefahr im Verzuge kann das Gesundheitsamt die erforderlichen Maßnahmen selbst anordnen. Es hat die zuständige Behörde unverzüglich hiervon zu unterrichten. Diese kann die Anordnung ändern oder aufheben. Wird die

Anordnung nicht innerhalb von zwei Arbeitstagen nach der Unterrichtung aufgehoben, so gilt sie als von der zuständigen Behörde getroffen.

(8) Widerspruch und Anfechtungsklage gegen Maßnahmen nach den Absätzen 1 bis 3 haben keine aufschiebende Wirkung.

§ 17 Besondere Maßnahmen der zuständigen Behörde, Rechtsverordnungen durch die Länder

(1) Wenn Gegenstände mit meldepflichtigen Krankheitserregern behaftet sind oder wenn das anzunehmen ist und dadurch eine Verbreitung der Krankheit zu befürchten ist, hat die zuständige Behörde die notwendigen Maßnahmen zur Abwendung der hierdurch drohenden Gefahren zu treffen. Wenn andere Maßnahmen nicht ausreichen, kann die Vernichtung von Gegenständen angeordnet werden. Sie kann auch angeordnet werden, wenn andere Maßnahmen im Verhältnis zum Wert der Gegenstände zu kostspielig sind, es sei denn, dass derjenige, der ein Recht an diesem Gegenstand oder die tatsächliche Gewalt darüber hat, widerspricht und auch die höheren Kosten übernimmt. Müssen Gegenstände entseucht (desinfiziert), von Gesundheitsschädlingen befreit oder vernichtet werden, so kann ihre Benutzung und die Benutzung der Räume und Grundstücke, in denen oder auf denen sie sich befinden, untersagt werden, bis die Maßnahme durchgeführt ist.

(2) Wenn Gesundheitsschädlinge festgestellt werden und die Gefahr begründet ist, dass durch sie Krankheitserreger verbreitet werden, so hat die zuständige Behörde die zu ihrer Bekämpfung erforderlichen Maßnahmen anzuordnen. Die Bekämpfung umfasst Maßnahmen gegen das Auftreten, die Vermehrung und Verbreitung sowie zur Vernichtung von Gesundheitsschädlingen.

(3) Erfordert die Durchführung einer Maßnahme nach den Absätzen 1 und 2 besondere Sachkunde, so kann die zuständige Behörde anordnen, dass der Verpflichtete damit geeignete Fachkräfte beauftragt. Die zuständige Behörde kann selbst geeignete Fachkräfte mit der Durchführung beauftragen, wenn das zur wirksamen Bekämpfung der übertragbaren Krankheiten oder Krankheitserreger

oder der Gesundheitsschädlinge notwendig ist und der Verpflichtete diese Maßnahme nicht durchführen kann oder einer Anordnung nach Satz 1 nicht nachkommt oder nach seinem bisherigen Verhalten anzunehmen ist, dass er einer Anordnung nach Satz 1 nicht rechtzeitig nachkommen wird. Wer ein Recht an dem Gegenstand oder die tatsächliche Gewalt darüber hat, muss die Durchführung der Maßnahme dulden.

(4) Die Landesregierungen werden ermächtigt, unter den nach § 16 sowie nach Absatz 1 maßgebenden Voraussetzungen durch Rechtsverordnung entsprechende Gebote und Verbote zur Verhütung übertragbarer Krankheiten zu erlassen. Sie können die Ermächtigung durch Rechtsverordnung auf andere Stellen übertragen.

(5) Die Landesregierungen können zur Verhütung und Bekämpfung übertragbarer Krankheiten Rechtsverordnungen über die Feststellung und die Bekämpfung von Gesundheitsschädlingen, Krätzmilben und Kopfläusen erlassen. Sie können die Ermächtigung durch Rechtsverordnung auf andere Stellen übertragen. Die Rechtsverordnungen können insbesondere Bestimmungen treffen über

1.

die Verpflichtung der Eigentümer von Gegenständen, der Nutzungsberechtigten oder der Inhaber der tatsächlichen Gewalt an Gegenständen sowie der zur Unterhaltung von Gegenständen Verpflichteten,

a)

den Befall mit Gesundheitsschädlingen festzustellen oder feststellen zu lassen und der zuständigen Behörde anzuzeigen,

b)

Gesundheitsschädlinge zu bekämpfen oder bekämpfen zu lassen,

2.

die Befugnis und die Verpflichtung der Gemeinden oder der Gemeindeverbände, Gesundheitsschädlinge, auch am Menschen, festzustellen, zu bekämpfen und das Ergebnis der Bekämpfung festzustellen,

3.

die Feststellung und Bekämpfung, insbesondere über

a)

die Art und den Umfang der Bekämpfung,

b)

den Einsatz von Fachkräften,

c)

die zulässigen Bekämpfungsmittel und -verfahren,

d)

die Minimierung von Rückständen und die Beseitigung von Bekämpfungsmitteln und

e)

die Verpflichtung, Abschluss und Ergebnis der Bekämpfung der zuständigen Behörde mitzuteilen und das Ergebnis durch Fachkräfte feststellen zu lassen,

4.

die Mitwirkungs- und Duldungspflichten, insbesondere im Sinne des § 16 Abs. 2, die den in Nummer 1 genannten Personen obliegen.

(6) § 16 Abs. 5 bis 8 gilt entsprechend.

(7) Die Grundrechte der Freiheit der Person (Artikel 2 Abs. 2 Satz 2 Grundgesetz), der Freizügigkeit (Artikel 11 Abs. 1 Grundgesetz), der Versammlungsfreiheit (Artikel 8 Grundgesetz) und der Unverletzlichkeit der Wohnung (Artikel 13 Abs. 1 Grundgesetz) werden im Rahmen der Absätze 1 bis 5 eingeschränkt.

§ 18 Behördlich angeordnete Maßnahmen zur Desinfektion und zur Bekämpfung von Gesundheitsschädlingen, Krätzmilben und Kopfläusen; Verordnungsermächtigungen

(1) Zum Schutz des Menschen vor übertragbaren Krankheiten dürfen bei behördlich angeordneten Maßnahmen zur

1.

Desinfektion und

2.

Bekämpfung von Gesundheitsschädlingen, Krätzmilben oder Kopfläusen nur Mittel und Verfahren verwendet werden, die von der zuständigen Bundesoberbehörde anerkannt worden sind. Bei Maßnahmen nach Satz 1 Nummer 2 kann die anordnende Behörde mit Zustimmung der zuständigen Bundesoberbehörde zulassen, dass andere Mittel oder Verfahren als die behördlich anerkannten verwendet werden.

(2) Die Mittel und Verfahren werden von der zuständigen Bundesoberbehörde auf Antrag oder von Amts wegen nur anerkannt, wenn sie hinreichend wirksam sind und keine unvertretbaren Auswirkungen auf die menschliche Gesundheit und die Umwelt haben.

(3) Zuständige Bundesoberbehörde für die Anerkennung von Mitteln und Verfahren zur Desinfektion ist das Robert Koch-Institut. Im Anerkennungsverfahren prüft:

1.

die Wirksamkeit der Mittel und Verfahren das Robert Koch-Institut,

2.

die Auswirkungen der Mittel und Verfahren auf die menschliche Gesundheit das Bundesinstitut für Arzneimittel und Medizinprodukte und

3.

die Auswirkungen der Mittel und Verfahren auf die Umwelt das Umweltbundesamt.

Das Robert Koch-Institut erteilt die Anerkennung im Einvernehmen mit dem Bundesinstitut für Arzneimittel und Medizinprodukte und mit dem Umweltbundesamt.

(4) Zuständige Bundesoberbehörde für die Anerkennung von Mitteln und Verfahren zur Bekämpfung von Gesundheitsschädlingen, Krätzmilben und Kopfläusen ist das Umweltbundesamt. Im Anerkennungsverfahren prüft:

1.

die Wirksamkeit der Mittel und Verfahren sowie deren Auswirkungen auf die Umwelt das Umweltbundesamt,

2.

die Auswirkungen der Mittel und Verfahren auf die menschliche Gesundheit das Bundesinstitut für Arzneimittel und Medizinprodukte, soweit es nach § 77 Absatz 1 des Arzneimittelgesetzes für die Zulassung zuständig ist,

3.

die Auswirkungen der Mittel und Verfahren auf die Gesundheit von Beschäftigten als Anwender die Bundesanstalt für Arbeitsschutz und Arbeitsmedizin, wenn die Prüfung nicht nach Nummer 2 dem Bundesinstitut für Arzneimittel und Medizinprodukte zugewiesen ist, und

4.

die Auswirkungen der Mittel und Verfahren auf die Gesundheit von anderen als den in Nummer 3 genannten Personen das Bundesinstitut für Risikobewertung, wenn die Prüfung nicht nach Nummer 2 dem Bundesinstitut für Arzneimittel und Medizinprodukte zugewiesen ist.

Das Umweltbundesamt erteilt die Anerkennung im Einvernehmen mit den nach Satz 2 Nummer 2 bis 4 prüfenden Behörden. Sofern Mittel Wirkstoffe enthalten, die in zugelassenen Pflanzenschutzmitteln oder in der Zulassungsprüfung befindlichen Pflanzenschutzmitteln enthalten sind, erfolgt die Anerkennung zusätzlich im Benehmen mit dem Bundesamt für Verbraucherschutz und Lebensmittelsicherheit.

(5) Die Prüfungen können durch eigene Untersuchungen der zuständigen Bundesbehörde oder auf der Grundlage von Sachverständigengutachten, die im Auftrag der zuständigen Bundesbehörde durchgeführt werden, erfolgen.

(6) Die Prüfung der Wirksamkeit der Mittel und Verfahren nach Absatz 1 Satz 1 Nummer 2 ist an den betreffenden Schädlingen unter Einbeziehung von Wirtstieren bei parasitären Nichtwirbeltieren vorzunehmen. Die Prüfung der Wirksamkeit von Mitteln nach Absatz 1 Satz 1 Nummer 2 unterbleibt, sofern die Mittel nach einer der folgenden Vorschriften nach dem Tilgungsprinzip gleichwertig geprüft und zugelassen sind:

1.

Verordnung (EU) Nr. 528/2012 des Europäischen Parlaments und des Rates vom 22. Mai 2012 über die Bereitstellung auf dem Markt und die Verwendung von Biozidprodukten (ABl. L 167 vom 27.6.2012, S. 1; L 303 vom 20.11.2015, S. 109), die zuletzt durch die Verordnung (EU) Nr. 334/2014 (ABl. L 103 vom 5.4.2014, S. 22) geändert worden ist,

2.

Verordnung (EG) Nr. 1107/2009 des Europäischen Parlaments und des Rates vom 21. Oktober 2009 über das Inverkehrbringen von Pflanzenschutzmitteln und zur Aufhebung der Richtlinien 79/117/EWG und 91/414/EWG des Rates (ABl. L 309 vom 24.11.2009, S. 1), die zuletzt durch die Verordnung (EU) Nr. 652/2014 (ABl. L 189 vom 27.6.2014, S. 1) geändert worden ist, oder

3.

Arzneimittelgesetz.

Die Prüfung der Auswirkungen von Mitteln nach Absatz 1 Satz 1 Nummer 1 und 2 auf die menschliche Gesundheit und die Prüfung ihrer Auswirkungen auf die Umwelt unterbleibt, sofern die Mittel oder ihre Biozidwirkstoffe nach einer der in Satz 2 genannten Vorschriften geprüft und zugelassen sind.

(7) Die Anerkennung ist zu widerrufen, wenn die zuständige Bundesoberbehörde davon Kenntnis erlangt, dass eine nach anderen Gesetzen erforderliche Verkehrsfähigkeit für das Mittel oder Verfahren nicht mehr besteht. Sie kann widerrufen werden, insbesondere wenn nach aktuellen Erkenntnissen und Bewertungsmaßstäben die Voraussetzungen nach Absatz 2 nicht mehr erfüllt sind. Die zuständige Bundesoberbehörde führt die jeweils anerkannten Mittel und Verfahren in einer Liste und veröffentlicht die Liste.

(8) Das Robert Koch-Institut und das Umweltbundesamt erheben für individuell zurechenbare öffentliche Leistungen nach den Absätzen 1 und 2 Gebühren und Auslagen.

(9) Das Bundesministerium für Gesundheit wird ermächtigt, im Einvernehmen mit dem Bundesministerium für Umwelt, Naturschutz, Bau und Reaktorsicherheit durch Rechtsverordnung ohne Zustimmung des Bundesrates die gebührenpflichtigen Tatbestände der individuell zurechenbaren öffentlichen Leistungen nach den

Absätzen 1 bis 4 und 7 näher zu bestimmen und dabei feste Sätze oder Rahmensätze vorzusehen.

(10) Das Bundesministerium für Gesundheit wird ermächtigt, im Einvernehmen mit dem Bundesministerium für Umwelt, Naturschutz, Bau und Reaktorsicherheit durch Rechtsverordnung ohne Zustimmung des Bundesrates Einzelheiten des Anerkennungsverfahrens festzulegen.

§ 19 Aufgaben des Gesundheitsamtes in besonderen Fällen

(1) Das Gesundheitsamt bietet bezüglich sexuell übertragbarer Krankheiten und Tuberkulose Beratung und Untersuchung an oder stellt diese in Zusammenarbeit mit anderen medizinischen Einrichtungen sicher. Diese sollen für Personen, deren Lebensumstände eine erhöhte Ansteckungsgefahr für sich oder andere mit sich bringen, auch aufsuchend angeboten werden und können im Einzelfall die ambulante Behandlung durch einen Arzt des Gesundheitsamtes umfassen, soweit dies zur Verhinderung der Weiterverbreitung der sexuell übertragbaren Krankheiten und der Tuberkulose erforderlich ist. Die Angebote können bezüglich sexuell übertragbarer Krankheiten anonym in Anspruch genommen werden, soweit hierdurch die Geltendmachung von Kostenerstattungsansprüchen nach Absatz 2 nicht gefährdet wird.

(2) Die Kosten der Untersuchung und Behandlung werden getragen:

1.

    von den Trägern der Krankenversicherung nach dem fünften Abschnitt des dritten Kapitels des Fünften Buches Sozialgesetzbuch, falls die Person bei einer Krankenkasse nach § 4 des Fünften Buches Sozialgesetzbuch versichert ist,

2.

    im Übrigen aus öffentlichen Mitteln, falls die Person die Kosten der Untersuchung oder Behandlung nicht selbst tragen kann; des Nachweises des Unvermögens bedarf es nicht, wenn dieses offensichtlich ist oder die

Gefahr besteht, dass die Inanspruchnahme anderer Zahlungspflichtiger die Durchführung der Untersuchung oder Behandlung erschweren würde. Wenn bei der Untersuchung oder der Feststellung der Behandlungsbedürftigkeit der Kostenträger noch nicht feststeht, werden die Kosten vorläufig aus öffentlichen Mitteln übernommen. Der Kostenträger ist zur Erstattung verpflichtet.

§ 20 Schutzimpfungen und andere Maßnahmen der spezifischen Prophylaxe

(1) Die zuständige obere Bundesbehörde, die obersten Landesgesundheitsbehörden und die von ihnen beauftragten Stellen sowie die Gesundheitsämter informieren die Bevölkerung über die Bedeutung von Schutzimpfungen und anderen Maßnahmen der spezifischen Prophylaxe übertragbarer Krankheiten.

(2) Beim Robert Koch-Institut wird eine Ständige Impfkommission eingerichtet. Die Kommission gibt sich eine Geschäftsordnung, die der Zustimmung des Bundesministeriums für Gesundheit bedarf. Die Kommission gibt Empfehlungen zur Durchführung von Schutzimpfungen und zur Durchführung anderer Maßnahmen der spezifischen Prophylaxe übertragbarer Krankheiten und entwickelt Kriterien zur Abgrenzung einer üblichen Impfreaktion und einer über das übliche Ausmaß einer Impfreaktion hinausgehenden gesundheitlichen Schädigung. Die Mitglieder der Kommission werden vom Bundesministerium für Gesundheit im Benehmen mit den obersten Landesgesundheitsbehörden berufen. Vertreter des Bundesministeriums für Gesundheit, der obersten Landesgesundheitsbehörden, des Robert Koch-Institutes und des Paul-Ehrlich-Institutes nehmen mit beratender Stimme an den Sitzungen teil. Weitere Vertreter von Bundesbehörden können daran teilnehmen. Die Empfehlungen der Kommission werden von dem Robert Koch-Institut den obersten Landesgesundheitsbehörden übermittelt und anschließend veröffentlicht.

(3) Die obersten Landesgesundheitsbehörden sollen öffentliche Empfehlungen für Schutzimpfungen oder andere Maßnahmen der spezifischen Prophylaxe auf der

Grundlage der jeweiligen Empfehlungen der Ständigen Impfkommission aussprechen.

(4) Das Bundesministerium für Gesundheit wird ermächtigt, nach Anhörung der Ständigen Impfkommission und der Spitzenverbände der gesetzlichen Krankenkassen durch Rechtsverordnung ohne Zustimmung des Bundesrates zu bestimmen, dass die Kosten für bestimmte Schutzimpfungen von den Trägern der Krankenversicherung nach dem dritten Abschnitt des dritten Kapitels des Fünften Buches Sozialgesetzbuch getragen werden, falls die Person bei einer Krankenkasse nach § 4 des Fünften Buches Sozialgesetzbuch versichert ist. In der Rechtsverordnung können auch Regelungen zur Erfassung und Übermittlung von anonymisierten Daten über durchgeführte Schutzimpfungen getroffen werden.

(5) Die obersten Landesgesundheitsbehörden können bestimmen, dass die Gesundheitsämter unentgeltlich Schutzimpfungen oder andere Maßnahmen der spezifischen Prophylaxe gegen bestimmte übertragbare Krankheiten durchführen.

(6) Das Bundesministerium für Gesundheit wird ermächtigt, durch Rechtsverordnung mit Zustimmung des Bundesrates anzuordnen, dass bedrohte Teile der Bevölkerung an Schutzimpfungen oder anderen Maßnahmen der spezifischen Prophylaxe teilzunehmen haben, wenn eine übertragbare Krankheit mit klinisch schweren Verlaufsformen auftritt und mit ihrer epidemischen Verbreitung zu rechnen ist. Das Grundrecht der körperlichen Unversehrtheit (Artikel 2 Abs. 2 Satz 1 Grundgesetz) kann insoweit eingeschränkt werden. Ein nach dieser Rechtsverordnung Impfpflichtiger, der nach ärztlichem Zeugnis ohne Gefahr für sein Leben oder seine Gesundheit nicht geimpft werden kann, ist von der Impfpflicht freizustellen; dies gilt auch bei anderen Maßnahmen der spezifischen Prophylaxe. § 15 Abs. 2 gilt entsprechend.

(7) Solange das Bundesministerium für Gesundheit von der Ermächtigung nach Absatz 6 keinen Gebrauch macht, sind die Landesregierungen zum Erlass einer Rechtsverordnung nach Absatz 6 ermächtigt. Die Landesregierungen können die Ermächtigung durch Rechtsverordnung auf die obersten Landesgesundheitsbehörden übertragen. Das Grundrecht der körperlichen

Unversehrtheit (Artikel 2 Abs. 2 Satz 1 Grundgesetz) kann insoweit eingeschränkt werden.

§ 21 Impfstoffe

Bei einer auf Grund dieses Gesetzes angeordneten oder einer von der obersten Landesgesundheitsbehörde öffentlich empfohlenen Schutzimpfung oder einer Impfung nach § 17 Abs. 4 des Soldatengesetzes dürfen Impfstoffe verwendet werden, die Mikroorganismen enthalten, welche von den Geimpften ausgeschieden und von anderen Personen aufgenommen werden können. Das Grundrecht der körperlichen Unversehrtheit (Artikel 2 Abs. 2 Satz 1 Grundgesetz) wird insoweit eingeschränkt.

§ 22 Impfausweis

(1) Der impfende Arzt hat jede Schutzimpfung unverzüglich in einen Impfausweis nach Absatz 2 einzutragen oder, falls der Impfausweis nicht vorgelegt wird, eine Impfbescheinigung auszustellen. Der impfende Arzt hat den Inhalt der Impfbescheinigung auf Verlangen in den Impfausweis einzutragen. Im Falle seiner Verhinderung hat das Gesundheitsamt die Eintragung nach Satz 2 vorzunehmen.
(2) Der Impfausweis oder die Impfbescheinigung muss über jede Schutzimpfung enthalten:

1.

Datum der Schutzimpfung

2.

Bezeichnung und Chargen-Bezeichnung des Impfstoffes

3.

Name der Krankheit, gegen die geimpft wird

4.

Namen und Anschrift des impfenden Arztes sowie

5.

Unterschrift des impfenden Arztes oder Bestätigung der Eintragung des Gesundheitsamtes.

(3) Im Impfausweis ist in geeigneter Form auf das zweckmäßige Verhalten bei ungewöhnlichen Impfreaktionen und auf die sich gegebenenfalls aus den §§ 60 bis 64 ergebenden Ansprüche bei Eintritt eines Impfschadens sowie auf Stellen, bei denen diese geltend gemacht werden können, hinzuweisen. Der Impfausweis oder die Impfbescheinigung soll ein Textfeld enthalten, in dem der impfende Arzt einen Terminvorschlag für die nächste Auffrischungsimpfung eintragen kann.

§ 23 Nosokomiale Infektionen; Resistenzen; Rechtsverordnungen durch die Länder

(1) Beim Robert Koch-Institut wird eine Kommission für Krankenhaushygiene und Infektionsprävention eingerichtet. Die Kommission gibt sich eine Geschäftsordnung, die der Zustimmung des Bundesministeriums für Gesundheit bedarf. Die Kommission erstellt Empfehlungen zur Prävention nosokomialer Infektionen sowie zu betrieblich-organisatorischen und baulich-funktionellen Maßnahmen der Hygiene in Krankenhäusern und anderen medizinischen Einrichtungen. Sie erstellt zudem Empfehlungen zu Kriterien und Verfahren zur Einstufung von Einrichtungen als Einrichtungen für ambulantes Operieren. Die Empfehlungen der Kommission werden unter Berücksichtigung aktueller infektionsepidemiologischer Auswertungen stetig weiterentwickelt und vom Robert Koch-Institut veröffentlicht. Die Mitglieder der Kommission werden vom Bundesministerium für Gesundheit im Benehmen mit den obersten Landesgesundheitsbehörden berufen. Vertreter des Bundesministeriums für Gesundheit, der obersten Landesgesundheitsbehörden und des Robert Koch-Institutes nehmen mit beratender Stimme an den Sitzungen teil.

(2) Beim Robert Koch-Institut wird eine Kommission Antiinfektiva, Resistenz und Therapie eingerichtet. Die Kommission gibt sich eine Geschäftsordnung, die der Zustimmung des Bundesministeriums für Gesundheit bedarf. Die Kommission erstellt Empfehlungen mit allgemeinen Grundsätzen für Diagnostik und

antimikrobielle Therapie, insbesondere bei Infektionen mit resistenten Krankheitserregern. Die Empfehlungen der Kommission werden unter Berücksichtigung aktueller infektionsepidemiologischer Auswertungen stetig weiterentwickelt und vom Robert Koch-Institut veröffentlicht. Die Mitglieder der Kommission werden vom Bundesministerium für Gesundheit im Benehmen mit den obersten Landesgesundheitsbehörden berufen. Vertreter des Bundesministeriums für Gesundheit, der obersten Landesgesundheitsbehörden, des Robert Koch-Institutes und des Bundesinstitutes für Arzneimittel und Medizinprodukte nehmen mit beratender Stimme an den Sitzungen teil.

(3) Die Leiter folgender Einrichtungen haben sicherzustellen, dass die nach dem Stand der medizinischen Wissenschaft erforderlichen Maßnahmen getroffen werden, um nosokomiale Infektionen zu verhüten und die Weiterverbreitung von Krankheitserregern, insbesondere solcher mit Resistenzen, zu vermeiden:

1.

Krankenhäuser,

2.

Einrichtungen für ambulantes Operieren,

3.

Vorsorge- oder Rehabilitationseinrichtungen, in denen eine den Krankenhäusern vergleichbare medizinische Versorgung erfolgt,

4.

Dialyseeinrichtungen,

5.

Tageskliniken,

6.

Entbindungseinrichtungen,

7.

Behandlungs- oder Versorgungseinrichtungen, die mit einer der in den Nummern 1 bis 6 genannten Einrichtungen vergleichbar sind,

8.

Arztpraxen, Zahnarztpraxen und

9.
Praxen sonstiger humanmedizinischer Heilberufe.
Die Einhaltung des Standes der medizinischen Wissenschaft auf diesem Gebiet wird vermutet, wenn jeweils die veröffentlichten Empfehlungen der Kommission für Krankenhaushygiene und Infektionsprävention beim Robert Koch-Institut und der Kommission Antiinfektiva, Resistenz und Therapie beim Robert Koch-Institut beachtet worden sind.

(4) Die Leiter von Einrichtungen nach Absatz 3 Satz 1 Nummer 1 bis 3 haben sicherzustellen, dass die nach Absatz 4a festgelegten nosokomialen Infektionen und das Auftreten von Krankheitserregern mit speziellen Resistenzen und Multiresistenzen fortlaufend in einer gesonderten Niederschrift aufgezeichnet, bewertet und sachgerechte Schlussfolgerungen hinsichtlich erforderlicher Präventionsmaßnahmen gezogen werden und dass die erforderlichen Präventionsmaßnahmen dem Personal mitgeteilt und umgesetzt werden. Darüber hinaus haben die Leiter sicherzustellen, dass die nach Absatz 4a festgelegten Daten zu Art und Umfang des Antibiotika-Verbrauchs fortlaufend in zusammengefasster Form aufgezeichnet, unter Berücksichtigung der lokalen Resistenzsituation bewertet und sachgerechte Schlussfolgerungen hinsichtlich des Einsatzes von Antibiotika gezogen werden und dass die erforderlichen Anpassungen des Antibiotikaeinsatzes dem Personal mitgeteilt und umgesetzt werden. Die Aufzeichnungen nach den Sätzen 1 und 2 sind zehn Jahre nach deren Anfertigung aufzubewahren. Dem zuständigen Gesundheitsamt ist auf Verlangen Einsicht in die Aufzeichnungen, Bewertungen und Schlussfolgerungen zu gewähren.

(4a) Das Robert Koch-Institut hat entsprechend den jeweiligen epidemiologischen Erkenntnissen die nach Absatz 4 zu erfassenden nosokomialen Infektionen und Krankheitserreger mit speziellen Resistenzen und Multiresistenzen sowie Daten zu Art und Umfang des Antibiotikaverbrauchs festzulegen. Die Festlegungen hat es in einer Liste im Bundesgesundheitsblatt zu veröffentlichen. Die Liste ist an den aktuellen Stand anzupassen.

(5) Die Leiter folgender Einrichtungen haben sicherzustellen, dass innerbetriebliche Verfahrensweisen zur Infektionshygiene in Hygieneplänen festgelegt sind:

1.

    Krankenhäuser,

2.

    Einrichtungen für ambulantes Operieren,

3.

    Vorsorge- oder Rehabilitationseinrichtungen,

4.

    Dialyseeinrichtungen,

5.

    Tageskliniken,

6.

    Entbindungseinrichtungen und

7.

    Behandlungs- oder Versorgungseinrichtungen, die mit einer der in den Nummern 1 bis 6 genannten Einrichtungen vergleichbar sind.

Die Landesregierungen können durch Rechtsverordnung vorsehen, dass Leiter von Zahnarztpraxen sowie Leiter von Arztpraxen und Praxen sonstiger humanmedizinischer Heilberufe, in denen invasive Eingriffe vorgenommen werden, sicherzustellen haben, dass innerbetriebliche Verfahrensweisen zur Infektionshygiene in Hygieneplänen festgelegt sind. Die Landesregierungen können die Ermächtigung durch Rechtsverordnung auf andere Stellen übertragen.

(6) Einrichtungen nach Absatz 5 Satz 1 unterliegen der infektionshygienischen Überwachung durch das Gesundheitsamt. Einrichtungen nach Absatz 5 Satz 2 können durch das Gesundheitsamt infektionshygienisch überwacht werden.

(7) Die mit der Überwachung beauftragten Personen sind befugt, zu Betriebs- und Geschäftszeiten Betriebsgrundstücke, Geschäfts- und Betriebsräume, zum Betrieb gehörende Anlagen und Einrichtungen sowie Verkehrsmittel zu betreten, zu besichtigen sowie in die Bücher oder sonstigen Unterlagen Einsicht zu nehmen und hieraus Abschriften, Ablichtungen oder Auszüge anzufertigen sowie sonstige Gegenstände zu untersuchen oder Proben zur Untersuchung zu fordern oder zu entnehmen, soweit dies zur Erfüllung ihrer Aufgaben erforderlich ist. § 16 Absatz 2 Satz 2 bis 4 gilt entsprechend.

(8) Die Landesregierungen haben durch Rechtsverordnung für Krankenhäuser, Einrichtungen für ambulantes Operieren, Vorsorge- oder Rehabilitationseinrichtungen, in denen eine den Krankenhäusern vergleichbare medizinische Versorgung erfolgt, sowie für Dialyseeinrichtungen und Tageskliniken die jeweils erforderlichen Maßnahmen zur Verhütung, Erkennung, Erfassung und Bekämpfung von nosokomialen Infektionen und Krankheitserregern mit Resistenzen zu regeln. Dabei sind insbesondere Regelungen zu treffen über

1.
hygienische Mindestanforderungen an Bau, Ausstattung und Betrieb der Einrichtungen,

2.
Bestellung, Aufgaben und Zusammensetzung einer Hygienekommission,

3.
die erforderliche personelle Ausstattung mit Hygienefachkräften und Krankenhaushygienikern und die Bestellung von hygienebeauftragten Ärzten einschließlich bis längstens zum 31. Dezember 2019 befristeter Übergangsvorschriften zur Qualifikation einer ausreichenden Zahl geeigneten Fachpersonals,

4.
Aufgaben und Anforderungen an Fort- und Weiterbildung der in der Einrichtung erforderlichen Hygienefachkräfte, Krankenhaushygieniker und hygienebeauftragten Ärzte,

5.

die erforderliche Qualifikation und Schulung des Personals hinsichtlich der Infektionsprävention,

6.

Strukturen und Methoden zur Erkennung von nosokomialen Infektionen und resistenten Erregern und zur Erfassung im Rahmen der ärztlichen und pflegerischen Dokumentationspflicht,

7.

die zur Erfüllung ihrer jeweiligen Aufgaben erforderliche Einsichtnahme der in Nummer 4 genannten Personen in Akten der jeweiligen Einrichtung einschließlich der Patientenakten,

8.

die Information des Personals über Maßnahmen, die zur Verhütung und Bekämpfung von nosokomialen Infektionen und Krankheitserregern mit Resistenzen erforderlich sind,

9.

die klinisch-mikrobiologisch und klinisch-pharmazeutische Beratung des ärztlichen Personals,

10.

die Information von aufnehmenden Einrichtungen und niedergelassenen Ärzten bei der Verlegung, Überweisung oder Entlassung von Patienten über Maßnahmen, die zur Verhütung und Bekämpfung von nosokomialen Infektionen und von Krankheitserregern mit Resistenzen erforderlich sind.

Die Landesregierungen können die Ermächtigung durch Rechtsverordnung auf andere Stellen übertragen.

§ 23a Personenbezogene Daten über den Impf- und Serostatus von Beschäftigten

Soweit es zur Erfüllung von Verpflichtungen aus § 23 Absatz 3 in Bezug auf Krankheiten, die durch Schutzimpfung verhütet werden können, erforderlich ist, darf der Arbeitgeber personenbezogene Daten eines Beschäftigten über dessen

Impf- und Serostatus erheben, verarbeiten oder nutzen, um über die Begründung eines Beschäftigungsverhältnisses oder über die Art und Weise einer Beschäftigung zu entscheiden. Im Übrigen gelten die Bestimmungen des allgemeinen Datenschutzrechts.

5. Abschnitt

Bekämpfung übertragbarer Krankheiten

§ 24 Behandlung übertragbarer Krankheiten

Die Behandlung von Personen, die an einer der in § 6 Abs. 1 Satz 1 Nr. 1, 2 und 5 oder § 34 Abs. 1 genannten übertragbaren Krankheiten erkrankt oder dessen verdächtig sind oder die mit einem Krankheitserreger nach § 7 infiziert sind, ist insoweit im Rahmen der berufsmäßigen Ausübung der Heilkunde nur Ärzten gestattet. Satz 1 gilt entsprechend bei sexuell übertragbaren Krankheiten und für Krankheiten oder Krankheitserreger, die durch eine Rechtsverordnung auf Grund des § 15 Abs. 1 in die Meldepflicht einbezogen sind. Als Behandlung im Sinne der Sätze 1 und 2 gilt auch der direkte und indirekte Nachweis eines Krankheitserregers für die Feststellung einer Infektion oder übertragbaren Krankheit; § 46 gilt entsprechend.

§ 25 Ermittlungen

(1) Ergibt sich oder ist anzunehmen, dass jemand krank, krankheitsverdächtig, ansteckungsverdächtig oder Ausscheider ist oder dass ein Verstorbener krank, krankheitsverdächtig oder Ausscheider war, so stellt das Gesundheitsamt die erforderlichen Ermittlungen an, insbesondere über Art, Ursache, Ansteckungsquelle und Ausbreitung der Krankheit.

(2) Für die Durchführung der Ermittlungen nach Absatz 1 gilt § 16 Absatz 2, 3, 5 und 8 entsprechend. Das Gesundheitsamt kann eine im Rahmen der Ermittlungen im Hinblick auf eine bedrohliche übertragbare Krankheit erforderliche Befragung in Bezug auf die Art, Ursache, Ansteckungsquelle und Ausbreitung der Krankheit unmittelbar an eine dritte Person, insbesondere an den behandelnden Arzt, richten,

wenn eine Mitwirkung der betroffenen Person oder der nach § 16 Absatz 5 verpflichteten Person nicht oder nicht rechtzeitig möglich ist; die dritte Person ist in entsprechender Anwendung von § 16 Absatz 2 Satz 3 und 4 zur Auskunft verpflichtet.

(3) Die in Absatz 1 genannten Personen können durch das Gesundheitsamt vorgeladen werden. Sie können durch das Gesundheitsamt verpflichtet werden,

1.

Untersuchungen und Entnahmen von Untersuchungsmaterial an sich vornehmen zu lassen, insbesondere die erforderlichen äußerlichen Untersuchungen, Röntgenuntersuchungen, Tuberkulintestungen, Blutentnahmen und Abstriche von Haut und Schleimhäuten durch die Beauftragten des Gesundheitsamtes zu dulden, sowie

2.

das erforderliche Untersuchungsmaterial auf Verlangen bereitzustellen.

Darüber hinausgehende invasive Eingriffe sowie Eingriffe, die eine Betäubung erfordern, dürfen nur mit Einwilligung des Betroffenen vorgenommen werden; § 16 Absatz 5 gilt nur entsprechend, wenn der Betroffene einwilligungsunfähig ist. Die bei den Untersuchungen erhobenen personenbezogenen Daten dürfen nur für Zwecke dieses Gesetzes verarbeitet und genutzt werden.

(4) Den Ärzten des Gesundheitsamtes und dessen ärztlichen Beauftragten ist vom Gewahrsamsinhaber die Untersuchung der in Absatz 1 genannten Verstorbenen zu gestatten. Die zuständige Behörde kann gegenüber dem Gewahrsamsinhaber die innere Leichenschau anordnen, wenn dies vom Gesundheitsamt für erforderlich gehalten wird.

(5) Die Grundrechte der körperlichen Unversehrtheit (Artikel 2 Absatz 2 Satz 1 des Grundgesetzes), der Freiheit der Person (Artikel 2 Absatz 2 Satz 2 des Grundgesetzes) und der Unverletzlichkeit der Wohnung (Artikel 13 Absatz 1 des Grundgesetzes) werden insoweit eingeschränkt.

Fußnote

§ 25 Abs. 1: Baden-Württemberg - Abweichung durch § 60 Abs. 4 Polizeigesetz (PolG BW) idF d. G v. 20.11.2012 GBl. BW 2012, 625 mWv 29.11.2012 (vgl. BGBl. I 2012, 2726)

§ 25 Abs. 1 bis 3: Bremen - Abweichung durch § 2 des Gesetzes zur Behandlungseinleitung bei Infektionen mit übertragbaren Krankheiten durch Dritte (BremBlüKDG) v. 24.3.2015 Brem. GBl. S. 118 mWv 26.3.2015 (vgl. BGBl. I 2015, 700)

§ 26 Teilnahme des behandelnden Arztes

Der behandelnde Arzt ist berechtigt, mit Zustimmung des Patienten an den Untersuchungen nach § 25 sowie an der inneren Leichenschau teilzunehmen.

Fußnote

§ 26 Abs. 1 u. 2: Baden-Württemberg - Abweichung durch § 60 Abs. 4 Polizeigesetz (PolG BW) idF d. G v. 20.11.2012 GBl. BW 2012, 625 mWv 29.11.2012 (vgl. BGBl. I 2012, 2726)

§ 27 Unterrichtungspflichten des Gesundheitsamtes

(1) Das Gesundheitsamt unterrichtet insbesondere in den Fällen des § 25 Absatz 1 unverzüglich andere Gesundheitsämter, deren Aufgaben nach diesem Gesetz berührt sind, und übermittelt ihnen die zur Erfüllung von deren Aufgaben erforderlichen Angaben, sofern ihm die Angaben vorliegen.

(2) Das Gesundheitsamt unterrichtet unverzüglich die für die Überwachung nach § 39 Absatz 1 Satz 1 des Lebensmittel- und Futtermittelgesetzbuchs örtlich zuständige Lebensmittelüberwachungsbehörde, wenn auf Grund von Tatsachen feststeht oder der Verdacht besteht,

1.

dass ein spezifisches Lebensmittel, das an Endverbraucher abgegeben wurde, in mindestens zwei Fällen mit epidemiologischem Zusammenhang Ursache einer übertragbaren Krankheit ist, oder

2.

dass Krankheitserreger auf Lebensmittel übertragen wurden und deshalb eine Weiterverbreitung der Krankheit durch Lebensmittel zu befürchten ist. Das Gesundheitsamt stellt folgende Angaben zur Verfügung, soweit sie ihm vorliegen und die Angaben für die von der zuständigen Lebensmittelüberwachungsbehörde zu treffenden Maßnahmen erforderlich sind:

1.

Zahl der Kranken, Krankheitsverdächtigen, Ansteckungsverdächtigen und Ausscheider, auf Ersuchen der Lebensmittelüberwachungsbehörde auch Namen und Erreichbarkeitsdaten,

2.

betroffenes Lebensmittel,

3.

an Endverbraucher abgegebene Menge des Lebensmittels,

4.

Ort und Zeitraum seiner Abgabe,

5.

festgestellter Krankheitserreger und

6.

von Personen entgegen § 42 ausgeübte Tätigkeit sowie Ort der Ausübung. (3) Das Gesundheitsamt unterrichtet unverzüglich die nach § 4 Absatz 1 des Tiergesundheitsgesetzes zuständige Behörde, wenn

1.

auf Grund von Tatsachen feststeht oder der Verdacht besteht, dass

a)

Erreger einer übertragbaren Krankheit unmittelbar oder mittelbar von Tieren auf eine betroffene Person übertragen wurden oder

b)

Erreger von einer betroffenen Person auf Tiere übertragen wurden, und

2.

es sich um Erreger einer nach einer auf Grund des Tiergesundheitsgesetzes erlassenen Rechtsverordnung anzeigepflichtigen Tierseuche oder meldepflichtigen Tierkrankheit handelt.

Das Gesundheitsamt übermittelt der nach § 4 Absatz 1 des Tiergesundheitsgesetzes zuständigen Behörde Angaben zum festgestellten Erreger, zur Tierart und zum Standort der Tiere, sofern ihm die Angaben vorliegen.

(4) Das Gesundheitsamt unterrichtet unverzüglich die für den Immissionsschutz zuständige Behörde, wenn im Fall einer örtlichen oder zeitlichen Häufung von Infektionen mit Legionella sp. der Verdacht besteht, dass Krankheitserreger durch Aerosole in der Außenluft auf den Menschen übertragen wurden. Das Gesundheitsamt übermittelt der für den Immissionsschutz zuständigen Behörde Angaben zu den wahrscheinlichen Orten und Zeitpunkten der Infektionen, sofern ihm die Angaben vorliegen.

(5) Das Gesundheitsamt unterrichtet unverzüglich die zuständige Landesbehörde, wenn der Verdacht besteht, dass ein Arzneimittel die Quelle einer Infektion ist. Das Gesundheitsamt übermittelt der zuständigen Landesbehörde alle notwendigen Angaben, sofern es diese Angaben ermitteln kann, wie Bezeichnung des Produktes, Name oder Firma des pharmazeutischen Unternehmers und die Chargenbezeichnung. Über die betroffene Person sind ausschließlich das Geburtsdatum, das Geschlecht sowie der erste Buchstabe des ersten Vornamens und der erste Buchstabe des ersten Nachnamens anzugeben. Die zuständige Behörde übermittelt die Angaben unverzüglich der nach § 77 des Arzneimittelgesetzes zuständigen Bundesoberbehörde. Die personenbezogenen Daten sind zu pseudonymisieren.

(6) Steht auf Grund von Tatsachen fest oder besteht der Verdacht, dass jemand, der an einer meldepflichtigen Krankheit erkrankt oder mit einem meldepflichtigen Krankheitserreger infiziert ist, oder dass ein Verstorbener, der an einer meldepflichtigen Krankheit erkrankt oder mit einem meldepflichtigen Krankheitserreger infiziert war, nach dem vermuteten Zeitpunkt der Infektion Blut-, Organ-, Gewebe- oder Zellspender war, so hat das Gesundheitsamt, wenn es sich

dabei um eine durch Blut, Blutprodukte, Organe, Gewebe oder Zellen übertragbare Krankheit oder Infektion handelt, die zuständigen Behörden von Bund und Ländern unverzüglich über den Befund oder Verdacht zu unterrichten. Es meldet dabei die ihm bekannt gewordenen Sachverhalte. Nach den Sätzen 1 und 2 hat es bei Spendern vermittlungspflichtiger Organe (§ 1a Nummer 2 des Transplantationsgesetzes) auch die nach § 11 des Transplantationsgesetzes errichtete oder bestimmte Koordinierungsstelle zu unterrichten, bei sonstigen Organ-, Gewebe- oder Zellspendern nach den Vorschriften des Transplantationsgesetzes die Einrichtung der medizinischen Versorgung, in der das Organ, das Gewebe oder die Zelle übertragen wurde oder übertragen werden soll, und die Gewebeeinrichtung, die das Gewebe oder die Zelle entnommen hat.

§ 28 Schutzmaßnahmen

(1) Werden Kranke, Krankheitsverdächtige, Ansteckungsverdächtige oder Ausscheider festgestellt oder ergibt sich, dass ein Verstorbener krank, krankheitsverdächtig oder Ausscheider war, so trifft die zuständige Behörde die notwendigen Schutzmaßnahmen, insbesondere die in den §§ 29 bis 31 genannten, soweit und solange es zur Verhinderung der Verbreitung übertragbarer Krankheiten erforderlich ist. Unter den Voraussetzungen von Satz 1 kann die zuständige Behörde Veranstaltungen oder sonstige Ansammlungen einer größeren Anzahl von Menschen beschränken oder verbieten und Badeanstalten oder in § 33 genannte Gemeinschaftseinrichtungen oder Teile davon schließen; sie kann auch Personen verpflichten, den Ort, an dem sie sich befinden, nicht zu verlassen oder von ihr bestimmte Orte nicht zu betreten, bis die notwendigen Schutzmaßnahmen durchgeführt worden sind. Eine Heilbehandlung darf nicht angeordnet werden. Die Grundrechte der Freiheit der Person (Artikel 2 Abs. 2 Satz 2 Grundgesetz), der Versammlungsfreiheit (Artikel 8 Grundgesetz) und der Unverletzlichkeit der Wohnung (Artikel 13 Abs. 1 Grundgesetz) werden insoweit eingeschränkt.
(2) Wird festgestellt, dass eine Person in einer Gemeinschaftseinrichtung an Masern erkrankt, dessen verdächtig oder ansteckungsverdächtig ist, kann die

zuständige Behörde Personen, die weder einen Impfschutz, der den Empfehlungen der Ständigen Impfkommission entspricht, noch eine Immunität gegen Masern durch ärztliche Bescheinigung nachweisen können, die in § 34 Absatz 1 Satz 1 und 2 genannten Verbote erteilen, bis eine Weiterverbreitung der Krankheit in der Gemeinschaftseinrichtung nicht mehr zu befürchten ist.

(3) Für Maßnahmen nach den Absätzen 1 und 2 gilt § 16 Abs. 5 bis 8, für ihre Überwachung außerdem § 16 Abs. 2 entsprechend.

§ 29 Beobachtung

(1) Kranke, Krankheitsverdächtige, Ansteckungsverdächtige und Ausscheider können einer Beobachtung unterworfen werden.

(2) Wer einer Beobachtung nach Absatz 1 unterworfen ist, hat die erforderlichen Untersuchungen durch die Beauftragten des Gesundheitsamtes zu dulden und den Anordnungen des Gesundheitsamtes Folge zu leisten. § 25 Absatz 3 gilt entsprechend. Eine Person nach Satz 1 ist ferner verpflichtet, den Beauftragten des Gesundheitsamtes zum Zwecke der Befragung oder der Untersuchung den Zutritt zu seiner Wohnung zu gestatten, auf Verlangen ihnen über alle seinen Gesundheitszustand betreffenden Umstände Auskunft zu geben und im Falle des Wechsels der Hauptwohnung oder des gewöhnlichen Aufenthaltes unverzüglich dem bisher zuständigen Gesundheitsamt Anzeige zu erstatten. Die Anzeigepflicht gilt auch bei Änderungen einer Tätigkeit im Lebensmittelbereich im Sinne von § 42 Abs. 1 Satz 1 oder in Einrichtungen im Sinne von § 23 Absatz 5 oder § 36 Absatz 1 sowie beim Wechsel einer Gemeinschaftseinrichtung im Sinne von § 33. § 16 Abs. 2 Satz 4 gilt entsprechend. Die Grundrechte der körperlichen Unversehrtheit (Artikel 2 Abs. 2 Satz 1 Grundgesetz), der Freiheit der Person (Artikel 2 Abs. 2 Satz 2 Grundgesetz) und der Unverletzlichkeit der Wohnung (Artikel 13 Abs. 1 Grundgesetz) werden insoweit eingeschränkt.

§ 30 Quarantäne

(1) Die zuständige Behörde hat anzuordnen, dass Personen, die an Lungenpest oder an von Mensch zu Mensch übertragbarem hämorrhagischem Fieber erkrankt oder dessen verdächtig sind, unverzüglich in einem Krankenhaus oder einer für diese Krankheiten geeigneten Einrichtung abgesondert werden. Bei sonstigen Kranken sowie Krankheitsverdächtigen, Ansteckungsverdächtigen und Ausscheidern kann angeordnet werden, dass sie in einem geeigneten Krankenhaus oder in sonst geeigneter Weise abgesondert werden, bei Ausscheidern jedoch nur, wenn sie andere Schutzmaßnahmen nicht befolgen, befolgen können oder befolgen würden und dadurch ihre Umgebung gefährden.

(2) Kommt der Betroffene den seine Absonderung betreffenden Anordnungen nicht nach oder ist nach seinem bisherigen Verhalten anzunehmen, dass er solchen Anordnungen nicht ausreichend Folge leisten wird, so ist er zwangsweise durch Unterbringung in einem abgeschlossenen Krankenhaus oder einem abgeschlossenen Teil eines Krankenhauses abzusondern.

Ansteckungsverdächtige und Ausscheider können auch in einer anderen geeigneten abgeschlossenen Einrichtung abgesondert werden. Das Grundrecht der Freiheit der Person (Artikel 2 Abs. 2 Satz 2 Grundgesetz) kann insoweit eingeschränkt werden. Buch 7 des Gesetzes über das Verfahren in Familiensachen und in den Angelegenheiten der freiwilligen Gerichtsbarkeit gilt entsprechend.

(3) Der Abgesonderte hat die Anordnungen des Krankenhauses oder der sonstigen Absonderungseinrichtung zu befolgen und die Maßnahmen zu dulden, die der Aufrechterhaltung eines ordnungsgemäßen Betriebs der Einrichtung oder der Sicherung des Unterbringungszwecks dienen. Insbesondere dürfen ihm Gegenstände, die unmittelbar oder mittelbar einem Entweichen dienen können, abgenommen und bis zu seiner Entlassung anderweitig verwahrt werden. Für ihn eingehende oder von ihm ausgehende Pakete und schriftliche Mitteilungen können in seinem Beisein geöffnet und zurückgehalten werden, soweit dies zur Sicherung des Unterbringungszwecks erforderlich ist. Die bei der Absonderung erhobenen

personenbezogenen Daten sowie die über Pakete und schriftliche Mitteilungen gewonnenen Erkenntnisse dürfen nur für Zwecke dieses Gesetzes verarbeitet und genutzt werden. Postsendungen von Gerichten, Behörden, gesetzlichen Vertretern, Rechtsanwälten, Notaren oder Seelsorgern dürfen weder geöffnet noch zurückgehalten werden; Postsendungen an solche Stellen oder Personen dürfen nur geöffnet und zurückgehalten werden, soweit dies zum Zwecke der Entseuchung notwendig ist. Die Grundrechte der körperlichen Unversehrtheit (Artikel 2 Abs. 2 Satz 1 Grundgesetz), der Freiheit der Person (Artikel 2 Abs. 2 Satz 2 Grundgesetz) und das Grundrecht des Brief- und Postgeheimnisses (Artikel 10 Grundgesetz) werden insoweit eingeschränkt.

(4) Der behandelnde Arzt und die zur Pflege bestimmten Personen haben freien Zutritt zu abgesonderten Personen. Dem Seelsorger oder Urkundspersonen muss, anderen Personen kann der behandelnde Arzt den Zutritt unter Auferlegung der erforderlichen Verhaltensmaßregeln gestatten.

(5) Die Träger der Einrichtungen haben dafür zu sorgen, dass das eingesetzte Personal sowie die weiteren gefährdeten Personen den erforderlichen Impfschutz oder eine spezifische Prophylaxe erhalten.

(6) Die Länder haben dafür Sorge zu tragen, dass die nach Absatz 1 Satz 1 notwendigen Räume, Einrichtungen und Transportmittel zur Verfügung stehen.

(7) Die zuständigen Gebietskörperschaften haben dafür zu sorgen, dass die nach Absatz 1 Satz 2 und Absatz 2 notwendigen Räume, Einrichtungen und Transportmittel sowie das erforderliche Personal zur Durchführung von Absonderungsmaßnahmen außerhalb der Wohnung zur Verfügung stehen. Die Räume und Einrichtungen zur Absonderung nach Absatz 2 sind nötigenfalls von den Ländern zu schaffen und zu unterhalten.

§ 31 Berufliches Tätigkeitsverbot

Die zuständige Behörde kann Kranken, Krankheitsverdächtigen, Ansteckungsverdächtigen und Ausscheidern die Ausübung bestimmter beruflicher Tätigkeiten ganz oder teilweise untersagen. Satz 1 gilt auch für sonstige Personen, die Krankheitserreger so in oder an sich tragen, dass im Einzelfall die Gefahr einer Weiterverbreitung besteht.

§ 32 Erlass von Rechtsverordnungen

Die Landesregierungen werden ermächtigt, unter den Voraussetzungen, die für Maßnahmen nach den §§ 28 bis 31 maßgebend sind, auch durch Rechtsverordnungen entsprechende Gebote und Verbote zur Bekämpfung übertragbarer Krankheiten zu erlassen. Die Landesregierungen können die Ermächtigung durch Rechtsverordnung auf andere Stellen übertragen. Die Grundrechte der Freiheit der Person (Artikel 2 Abs. 2 Satz 2 Grundgesetz), der Freizügigkeit (Artikel 11 Abs. 1 Grundgesetz), der Versammlungsfreiheit (Artikel 8 Grundgesetz), der Unverletzlichkeit der Wohnung (Artikel 13 Abs. 1 Grundgesetz) und des Brief- und Postgeheimnisses (Artikel 10 Grundgesetz) können insoweit eingeschränkt werden.

6. Abschnitt
Infektionsschutz bei bestimmten Einrichtungen, Unternehmen und Personen

§ 33 Gemeinschaftseinrichtungen

Gemeinschaftseinrichtungen im Sinne dieses Gesetzes sind Einrichtungen, in denen überwiegend Säuglinge, Kinder oder Jugendliche betreut werden, insbesondere Kinderkrippen, Kindergärten, Kindertagesstätten, Kinderhorte, Schulen oder sonstige Ausbildungseinrichtungen, Heime, Ferienlager und ähnliche Einrichtungen.

§ 34 Gesundheitliche Anforderungen, Mitwirkungspflichten, Aufgaben des Gesundheitsamtes

(1) Personen, die an

1.

Cholera

2.

Diphtherie

3.

Enteritis durch enterohämorrhagische E. coli (EHEC)

4.

virusbedingtem hämorrhagischen Fieber

5.

Haemophilus influenzae Typ b-Meningitis

6.

Impetigo contagiosa (ansteckende Borkenflechte)

7.

Keuchhusten

8.

ansteckungsfähiger Lungentuberkulose

9.

Masern

10.

Meningokokken-Infektion

11.

Mumps

12.

Paratyphus

13.

Pest

14.

Poliomyelitis

14a.

Röteln

15.

Scharlach oder sonstigen Streptococcus pyogenes-Infektionen

16.

Shigellose

17.

Skabies (Krätze)

18.

Typhus abdominalis

19.

Virushepatitis A oder E

20.

Windpocken

erkrankt oder dessen verdächtig oder die verlaust sind, dürfen in den in § 33 genannten Gemeinschaftseinrichtungen keine Lehr-, Erziehungs-, Pflege-, Aufsichts- oder sonstige Tätigkeiten ausüben, bei denen sie Kontakt zu den dort Betreuten haben, bis nach ärztlichem Urteil eine Weiterverbreitung der Krankheit oder der Verlausung durch sie nicht mehr zu befürchten ist. Satz 1 gilt entsprechend für die in der Gemeinschaftseinrichtung Betreuten mit der Maßgabe, dass sie die dem Betrieb der Gemeinschaftseinrichtung dienenden Räume nicht betreten, Einrichtungen der Gemeinschaftseinrichtung nicht benutzen und an Veranstaltungen der Gemeinschaftseinrichtung nicht teilnehmen dürfen. Satz 2 gilt auch für Kinder, die das 6. Lebensjahr noch nicht vollendet haben und an infektiöser Gastroenteritis erkrankt oder dessen verdächtig sind.

(2) Ausscheider von

1.

Vibrio cholerae O 1 und O 139

2.

Corynebacterium spp., Toxin bildend

3.

Salmonella Typhi

4.

Salmonella Paratyphi

5.

   Shigella sp.

6.

   enterohämorrhagischen E. coli (EHEC)

dürfen nur mit Zustimmung des Gesundheitsamtes und unter Beachtung der
gegenüber dem Ausscheider und der Gemeinschaftseinrichtung verfügten
Schutzmaßnahmen die dem Betrieb der Gemeinschaftseinrichtung dienenden
Räume betreten, Einrichtungen der Gemeinschaftseinrichtung benutzen und an
Veranstaltungen der Gemeinschaftseinrichtung teilnehmen.

(3) Absatz 1 Satz 1 und 2 gilt entsprechend für Personen, in deren
Wohngemeinschaft nach ärztlichem Urteil eine Erkrankung an oder ein Verdacht
auf

1.

   Cholera

2.

   Diphtherie

3.

   Enteritis durch enterohämorrhagische E. coli (EHEC)

4.

   virusbedingtem hämorrhagischem Fieber

5.

   Haemophilus influenzae Typ b-Meningitis

6.

   ansteckungsfähiger Lungentuberkulose

7.

   Masern

8.

   Meningokokken-Infektion

9.

   Mumps

10.

Paratyphus

11.

Pest

12.

Poliomyelitis

12a.

Röteln

13.

Shigellose

14.

Typhus abdominalis

15.

Virushepatitis A oder E

16.

Windpocken

aufgetreten ist.

(4) Wenn die nach den Absätzen 1 bis 3 verpflichteten Personen geschäftsunfähig oder in der Geschäftsfähigkeit beschränkt sind, so hat derjenige für die Einhaltung der diese Personen nach den Absätzen 1 bis 3 treffenden Verpflichtungen zu sorgen, dem die Sorge für diese Person zusteht. Die gleiche Verpflichtung trifft den Betreuer einer von Verpflichtungen nach den Absätzen 1 bis 3 betroffenen Person, soweit die Erfüllung dieser Verpflichtungen zu seinem Aufgabenkreis gehört.

(5) Wenn einer der in den Absätzen 1, 2 oder 3 genannten Tatbestände bei den in Absatz 1 genannten Personen auftritt, so haben diese Personen oder in den Fällen des Absatzes 4 der Sorgeinhaber der Gemeinschaftseinrichtung hiervon unverzüglich Mitteilung zu machen. Die Leitung der Gemeinschaftseinrichtung hat jede Person, die in der Gemeinschaftseinrichtung neu betreut wird, oder deren Sorgeberechtigte über die Pflichten nach Satz 1 zu belehren.

(6) Werden Tatsachen bekannt, die das Vorliegen einer der in den Absätzen 1, 2 oder 3 aufgeführten Tatbestände annehmen lassen, so hat die Leitung der Gemeinschaftseinrichtung das Gesundheitsamt, in dessen Bezirk sich die Gemeinschaftseinrichtung befindet, unverzüglich zu benachrichtigen und krankheits- und personenbezogene Angaben zu machen. Dies gilt auch beim Auftreten von zwei oder mehr gleichartigen, schwerwiegenden Erkrankungen, wenn als deren Ursache Krankheitserreger anzunehmen sind. Eine Benachrichtigungspflicht besteht nicht, wenn der Leitung ein Nachweis darüber vorliegt, dass die Meldung des Sachverhalts nach § 6 bereits erfolgt ist.

(7) Die zuständige Behörde kann im Einvernehmen mit dem Gesundheitsamt für die in § 33 genannten Einrichtungen Ausnahmen von dem Verbot nach Absatz 1, auch in Verbindung mit Absatz 3, zulassen, wenn Maßnahmen durchgeführt werden oder wurden, mit denen eine Übertragung der aufgeführten Erkrankungen oder der Verlausung verhütet werden kann.

(8) Das Gesundheitsamt kann gegenüber der Leitung der Gemeinschaftseinrichtung anordnen, dass das Auftreten einer Erkrankung oder eines hierauf gerichteten Verdachtes ohne Hinweis auf die Person in der Gemeinschaftseinrichtung bekannt gegeben wird.

(9) Wenn in Gemeinschaftseinrichtungen betreute Personen Krankheitserreger so in oder an sich tragen, dass im Einzelfall die Gefahr einer Weiterverbreitung besteht, kann die zuständige Behörde die notwendigen Schutzmaßnahmen anordnen.

(10) Die Gesundheitsämter und die in § 33 genannten Gemeinschaftseinrichtungen sollen die betreuten Personen oder deren Sorgeberechtigte gemeinsam über die Bedeutung eines vollständigen, altersgemäßen, nach den Empfehlungen der Ständigen Impfkommission ausreichenden Impfschutzes und über die Prävention übertragbarer Krankheiten aufklären.

(10a) Bei der Erstaufnahme in eine Kindertageseinrichtung haben die Personensorgeberechtigten gegenüber dieser einen schriftlichen Nachweis darüber zu erbringen, dass zeitnah vor der Aufnahme eine ärztliche Beratung in

Bezug auf einen vollständigen, altersgemäßen, nach den Empfehlungen der Ständigen Impfkommission ausreichenden Impfschutz des Kindes erfolgt ist. Wenn der Nachweis nicht erbracht wird, benachrichtigt die Leitung der Kindertageseinrichtung das Gesundheitsamt, in dessen Bezirk sich die Einrichtung befindet, und übermittelt dem Gesundheitsamt personenbezogene Angaben. Das Gesundheitsamt kann die Personensorgeberechtigten zu einer Beratung laden. Weitergehende landesrechtliche Regelungen bleiben unberührt.

(11) Bei Erstaufnahme in die erste Klasse einer allgemein bildenden Schule hat das Gesundheitsamt oder der von ihm beauftragte Arzt den Impfstatus zu erheben und die hierbei gewonnenen aggregierten und anonymisierten Daten über die oberste Landesgesundheitsbehörde dem Robert Koch-Institut zu übermitteln.

§ 35 Belehrung für Personen in der Betreuung von Kindern und Jugendlichen

Personen, die in den in § 33 genannten Gemeinschaftseinrichtungen Lehr-, Erziehungs-, Pflege-, Aufsichts- oder sonstige regelmäßige Tätigkeiten ausüben und Kontakt mit den dort Betreuten haben, sind vor erstmaliger Aufnahme ihrer Tätigkeit und im Weiteren mindestens im Abstand von zwei Jahren von ihrem Arbeitgeber über die gesundheitlichen Anforderungen und Mitwirkungsverpflichtungen nach § 34 zu belehren. Über die Belehrung ist ein Protokoll zu erstellen, das beim Arbeitgeber für die Dauer von drei Jahren aufzubewahren ist. Die Sätze 1 und 2 finden für Dienstherren entsprechende Anwendung.

§ 36 Infektionsschutz bei bestimmten Einrichtungen, Unternehmen und Personen; Verordnungsermächtigung

(1) Folgende Einrichtungen und Unternehmen müssen in Hygieneplänen innerbetriebliche Verfahrensweisen zur Infektionshygiene festlegen und unterliegen der infektionshygienischen Überwachung durch das Gesundheitsamt:

1.

    die in § 33 genannten Gemeinschaftseinrichtungen,

2.

nicht unter § 23 Absatz 5 Satz 1 fallende voll- oder teilstationäre
Einrichtungen zur Betreuung und Unterbringung älterer, behinderter oder
pflegebedürftiger Menschen,

3.

Obdachlosenunterkünfte,

4.

Einrichtungen zur gemeinschaftlichen Unterbringung von Asylbewerbern,
vollziehbar Ausreisepflichtigen, Flüchtlingen und Spätaussiedlern,

5.

sonstige Massenunterkünfte,

6.

Justizvollzugsanstalten sowie

7.

ambulante Pflegedienste und Unternehmen, die den Einrichtungen nach
Nummer 2 vergleichbare Dienstleistungen anbieten; Angebote zur
Unterstützung im Alltag im Sinne von § 45a Absatz 1 Satz 2 des Elften
Buches Sozialgesetzbuch zählen nicht zu den Dienstleistungen, die mit
Angeboten in Einrichtungen nach Nummer 2 vergleichbar sind.

(2) Einrichtungen und Unternehmen, bei denen die Möglichkeit besteht, dass durch
Tätigkeiten am Menschen durch Blut Krankheitserreger übertragen werden,
können durch das Gesundheitsamt infektionshygienisch überwacht werden.

(3) Die mit der Überwachung beauftragten Personen sind befugt, zu Betriebs- und
Geschäftszeiten Betriebsgrundstücke, Geschäfts- und Betriebsräume, zum Betrieb
gehörende Anlagen und Einrichtungen sowie Verkehrsmittel zu betreten, zu
besichtigen sowie in die Bücher oder sonstigen Unterlagen Einsicht zu nehmen
und hieraus Abschriften, Ablichtungen oder Auszüge anzufertigen sowie sonstige
Gegenstände zu untersuchen oder Proben zur Untersuchung zu fordern oder zu
entnehmen, soweit dies zur Erfüllung ihrer Aufgaben erforderlich ist. § 16 Absatz 2
Satz 2 bis 4 gilt entsprechend.

(3a) Die Leiter von in Absatz 1 Nummer 2 bis 6 genannten Einrichtungen haben das Gesundheitsamt, in dessen Bezirk sich die Einrichtung befindet, unverzüglich zu benachrichtigen und die nach diesem Gesetz erforderlichen krankheits- und personenbezogenen Angaben zu machen, wenn eine in der Einrichtung tätige oder untergebrachte Person an Skabies erkrankt ist oder bei ihr der Verdacht besteht, dass sie an Skabies erkrankt ist.

(4) Personen, die in eine Einrichtung nach Absatz 1 Nummer 2 bis 4 aufgenommen werden sollen, haben der Leitung der Einrichtung vor oder unverzüglich nach ihrer Aufnahme ein ärztliches Zeugnis darüber vorzulegen, dass bei ihnen keine Anhaltspunkte für das Vorliegen einer ansteckungsfähigen Lungentuberkulose vorhanden sind. Bei der erstmaligen Aufnahme darf die Erhebung der Befunde, die dem ärztlichen Zeugnis zugrunde liegt, nicht länger als sechs Monate zurückliegen, bei einer erneuten Aufnahme darf sie nicht länger als zwölf Monate zurückliegen. Bei Personen, die in eine Einrichtung nach Absatz 1 Nummer 4 aufgenommen werden sollen, muss sich das Zeugnis auf eine im Geltungsbereich dieses Gesetzes erstellte Röntgenaufnahme der Lunge stützen. Bei Personen, die das 15. Lebensjahr noch nicht vollendet haben, sowie bei Schwangeren ist von der Röntgenaufnahme abzusehen; stattdessen ist ein ärztliches Zeugnis vorzulegen, dass nach sonstigen Befunden eine ansteckungsfähige Lungentuberkulose nicht zu befürchten ist. § 34 Absatz 4 gilt entsprechend. Satz 1 gilt nicht für Obdachlose, die weniger als drei Tage in eine Einrichtung nach Absatz 1 Nummer 3 aufgenommen werden.

(5) Personen, die in eine Einrichtung nach Absatz 1 Nummer 4 aufgenommen werden sollen, sind verpflichtet, eine ärztliche Untersuchung auf Ausschluss einer ansteckungsfähigen Lungentuberkulose einschließlich einer Röntgenaufnahme der Atmungsorgane zu dulden. Dies gilt nicht, wenn die betroffenen Personen ein ärztliches Zeugnis nach Absatz 4 vorlegen oder unmittelbar vor ihrer Aufnahme in einer anderen Einrichtung nach Absatz 1 Nummer 4 untergebracht waren und die entsprechenden Untersuchungen bereits dort durchgeführt wurden. Personen, die in eine Justizvollzugsanstalt aufgenommen werden, sind verpflichtet, eine ärztliche

Untersuchung auf übertragbare Krankheiten einschließlich einer Röntgenaufnahme der Lunge zu dulden. Für Untersuchungen nach den Sätzen 1 und 3 gilt Absatz 4 Satz 4 entsprechend. Widerspruch und Anfechtungsklage gegen Anordnungen nach den Sätzen 1 und 3 haben keine aufschiebende Wirkung.

(6) Das Bundesministerium für Gesundheit wird ermächtigt, durch Rechtsverordnung mit Zustimmung des Bundesrates festzulegen, dass Personen, die in die Bundesrepublik Deutschland einreisen wollen oder eingereist sind und die wahrscheinlich einem erhöhten Infektionsrisiko für eine bestimmte schwerwiegende übertragbare Krankheit ausgesetzt waren, vor oder nach ihrer Einreise ein ärztliches Zeugnis darüber vorzulegen haben, dass bei ihnen keine Anhaltspunkte für das Vorliegen einer solchen schwerwiegenden übertragbaren Krankheit vorhanden sind, sofern dies zum Schutz der Bevölkerung vor einer Gefährdung durch schwerwiegende übertragbare Krankheiten erforderlich ist; § 34 Absatz 4 gilt entsprechend. Personen, die kein auf Grund der Rechtsverordnung erforderliches ärztliches Zeugnis vorlegen, sind verpflichtet, eine ärztliche Untersuchung auf Ausschluss einer schwerwiegenden übertragbaren Krankheit im Sinne des Satzes 1 zu dulden; Absatz 5 Satz 5 gilt entsprechend. In der Rechtsverordnung können nähere Einzelheiten insbesondere zu den betroffenen Personengruppen und zu den Anforderungen an das ärztliche Zeugnis nach Satz 1 und zu der ärztlichen Untersuchung nach Satz 2 bestimmt werden. Das Robert Koch-Institut kann zu den Einzelheiten nach Satz 3 Empfehlungen abgeben. In dringenden Fällen kann zum Schutz der Bevölkerung die Rechtsverordnung ohne Zustimmung des Bundesrates erlassen werden. Eine auf der Grundlage des Satzes 5 erlassene Verordnung tritt ein Jahr nach ihrem Inkrafttreten außer Kraft; ihre Geltungsdauer kann mit Zustimmung des Bundesrates verlängert werden.

(7) Durch die Absätze 4 bis 6 wird das Grundrecht der körperlichen Unversehrtheit (Artikel 2 Absatz 2 Satz 1 des Grundgesetzes) eingeschränkt.

7. Abschnitt
Wasser

§ 37 Beschaffenheit von Wasser für den menschlichen Gebrauch sowie von Wasser zum Schwimmen oder Baden in Becken oder Teichen, Überwachung

(1) Wasser für den menschlichen Gebrauch muss so beschaffen sein, dass durch seinen Genuss oder Gebrauch eine Schädigung der menschlichen Gesundheit, insbesondere durch Krankheitserreger, nicht zu besorgen ist.

(2) Wasser, das in Gewerbebetrieben, öffentlichen Bädern sowie in sonstigen nicht ausschließlich privat genutzten Einrichtungen zum Schwimmen oder Baden bereitgestellt wird

1.

in Schwimm- oder Badebecken oder

2.

in Schwimm- oder Badeteichen, die nicht Badegewässer im Sinne der Richtlinie 2006/7/EG des Europäischen Parlaments und des Rates vom 15. Februar 2006 über die Qualität der Badegewässer und deren Bewirtschaftung und zur Aufhebung der Richtlinie 76/160/EWG (ABl. L 64 vom 4.3.2006, S. 37; L 359 vom 29.12.2012, S. 77), die zuletzt durch die Richtlinie 2013/64/EU (ABl. L 353 vom 28.12.2013, S. 8) geändert worden ist, sind,

muss so beschaffen sein, dass durch seinen Gebrauch eine Schädigung der menschlichen Gesundheit, insbesondere durch Krankheitserreger, nicht zu besorgen ist. Bei Schwimm- oder Badebecken muss die Aufbereitung des Wassers eine Desinfektion einschließen. Bei Schwimm- oder Badeteichen hat die Aufbereitung des Wassers durch biologische und mechanische Verfahren, die mindestens den allgemein anerkannten Regeln der Technik entsprechen, zu erfolgen.

(3) Wassergewinnungs- und Wasserversorgungsanlagen, Schwimm- oder Badebecken und Schwimm- oder Badeteiche einschließlich ihrer Wasseraufbereitungsanlagen unterliegen hinsichtlich der in den Absätzen 1 und 2

genannten Anforderungen der Überwachung durch das Gesundheitsamt. Für die Durchführung der Überwachung gilt § 16 Abs. 2 entsprechend. Das Grundrecht der Unverletzlichkeit der Wohnung (Artikel 13 Abs. 1 Grundgesetz) wird insoweit eingeschränkt.

§ 38 Erlass von Rechtsverordnungen

(1) Das Bundesministerium für Gesundheit bestimmt durch Rechtsverordnung mit Zustimmung des Bundesrates,

1.

welchen Anforderungen das Wasser für den menschlichen Gebrauch entsprechen muss, um der Vorschrift von § 37 Abs. 1 zu genügen,

2.

dass und wie die Wassergewinnungs- und Wasserversorgungsanlagen und das Wasser in hygienischer Hinsicht zu überwachen sind,

3.

welche Handlungs-, Unterlassungs-, Mitwirkungs- und Duldungspflichten dem Unternehmer oder sonstigen Inhaber einer Wassergewinnungs- oder Wasserversorgungsanlage im Sinne der Nummern 1 und 2 obliegen, welche Wasseruntersuchungen dieser durchführen oder durchführen lassen muss und in welchen Zeitabständen diese vorzunehmen sind,

4.

die Anforderungen an Stoffe, Verfahren und Materialien bei der Gewinnung, Aufbereitung oder Verteilung des Wassers für den menschlichen Gebrauch, soweit diese nicht den Vorschriften des Lebensmittel- und Futtermittelgesetzbuches unterliegen, und insbesondere, dass nur Aufbereitungsstoffe und Desinfektionsverfahren verwendet werden dürfen, die hinreichend wirksam sind und keine vermeidbaren oder unvertretbaren Auswirkungen auf Gesundheit und Umwelt haben,

5.

in welchen Fällen das Wasser für den menschlichen Gebrauch, das den Anforderungen nach den Nummern 1 oder 4 nicht entspricht, nicht oder nur eingeschränkt abgegeben oder anderen nicht oder nur eingeschränkt zur Verfügung gestellt werden darf,

6.

dass und wie die Bevölkerung über die Beschaffenheit des Wassers für den menschlichen Gebrauch und über etwaige zu treffende Maßnahmen zu informieren ist,

7.

dass und wie Angaben über die Gewinnung und die Beschaffenheit des Wassers für den menschlichen Gebrauch einschließlich personenbezogener Daten, soweit diese für die Erfassung und die Überwachung der Wasserqualität und der Wasserversorgung erforderlich sind, zu übermitteln sind und

8.

die Anforderungen an die Untersuchungsstellen, die das Wasser für den menschlichen Gebrauch analysieren.

In der Rechtsverordnung können auch Regelungen über die Anforderungen an die Wassergewinnungs- und Wasserversorgungsanlagen getroffen werden. Ferner kann in der Rechtsverordnung dem Umweltbundesamt die Aufgabe übertragen werden, zu prüfen und zu entscheiden, ob Stoffe, Verfahren und Materialien die nach Satz 1 Nummer 4 festgelegten Anforderungen erfüllen. Voraussetzungen, Inhalt und Verfahren der Prüfung und Entscheidung können in der Rechtsverordnung näher bestimmt werden. In der Rechtsverordnung kann zudem festgelegt werden, dass Stoffe, Verfahren und Materialien bei der Gewinnung, Aufbereitung und Verteilung des Wassers für den menschlichen Gebrauch erst dann verwendet werden dürfen, wenn das Umweltbundesamt festgestellt hat, dass sie die nach Satz 1 Nummer 4 festgelegten Anforderungen erfüllen. Die Rechtsverordnung bedarf des Einvernehmens mit dem Bundesministerium für

Umwelt, Naturschutz, Bau und Reaktorsicherheit, soweit es sich um Wassergewinnungsanlagen handelt.

(2) Das Bundesministerium für Gesundheit bestimmt durch Rechtsverordnung mit Zustimmung des Bundesrates,

1.

welchen Anforderungen das in § 37 Abs. 2 bezeichnete Wasser entsprechen muss, um der Vorschrift von § 37 Abs. 2 zu genügen,

2.

dass und wie die Schwimm- oder Badebecken, die Schwimm- oder Badeteiche und das Wasser in hygienischer Hinsicht zu überwachen sind,

3.

welche Handlungs-, Unterlassungs-, Mitwirkungs- und Duldungspflichten dem Unternehmer oder sonstigen Inhaber eines Schwimm- oder Badebeckens oder eines Schwimm- oder Badeteiches im Sinne der Nummern 1 und 2 obliegen, welche Wasseruntersuchungen dieser durchführen oder durchführen lassen muss und in welchen Zeitabständen diese vorzunehmen sind,

4.

in welchen Fällen das in § 37 Abs. 2 bezeichnete Wasser, das den Anforderungen nach Nummer 1 nicht entspricht, anderen nicht zur Verfügung gestellt werden darf und

5.

dass für die Aufbereitung des in § 37 Absatz 2 Satz 1 bezeichneten Wassers nur Mittel und Verfahren verwendet werden dürfen, die vom Umweltbundesamt in einer Liste bekannt gemacht worden sind.

Die Aufnahme von Mitteln und Verfahren zur Aufbereitung des in § 37 Absatz 2 Satz 2 bezeichneten Wassers in die Liste nach Nummer 5 erfolgt nur, wenn das Umweltbundesamt festgestellt hat, dass die Mittel und Verfahren mindestens den allgemein anerkannten Regeln der Technik entsprechen.

(3) Für individuell zurechenbare öffentliche Leistungen in Antragsverfahren nach den auf Grund der Absätze 1 und 2 erlassenen Rechtsverordnungen kann das Umweltbundesamt zur Deckung des Verwaltungsaufwands Gebühren und Auslagen erheben. Das Bundesministerium für Umwelt, Naturschutz, Bau und Reaktorsicherheit wird ermächtigt, durch Rechtsverordnung ohne Zustimmung des Bundesrates die gebührenpflichtigen Tatbestände, die Gebührensätze und die Auslagenerstattung näher zu bestimmen und dabei feste Sätze oder Rahmensätze vorzusehen.

§ 39 Untersuchungen, Maßnahmen der zuständigen Behörde

(1) Der Unternehmer oder sonstige Inhaber einer Wassergewinnungs- oder Wasserversorgungsanlage, eines Schwimm- oder Badebeckens oder eines Schwimm- oder Badeteiches hat die ihm auf Grund von Rechtsverordnungen nach § 38 Abs. 1 oder 2 obliegenden Wasseruntersuchungen auf eigene Kosten durchzuführen oder durchführen zu lassen. Er hat auch die Gebühren und Auslagen der Wasseruntersuchungen zu tragen, die die zuständige Behörde auf Grund der Rechtsverordnungen nach § 38 Abs. 1 oder 2 durchführt oder durchführen lässt.

(2) Die zuständige Behörde hat die notwendigen Maßnahmen zu treffen, um

1.

die Einhaltung der Vorschriften des § 37 Abs. 1 und 2 und von Rechtsverordnungen nach § 38 Abs. 1 und 2 sicherzustellen,

2.

Gefahren für die menschliche Gesundheit abzuwenden, die von Wasser für den menschlichen Gebrauch im Sinne von § 37 Abs. 1 sowie von Wasser für und in Schwimm- oder Badebecken und Schwimm- oder Badeteichen im Sinne von § 37 Abs. 2 ausgehen können, insbesondere um das Auftreten oder die Weiterverbreitung übertragbarer Krankheiten zu verhindern.

§ 16 Abs. 6 bis 8 gilt entsprechend.

§ 40 Aufgaben des Umweltbundesamtes

Das Umweltbundesamt hat im Rahmen dieses Gesetzes die Aufgabe, Konzeptionen zur Vorbeugung, Erkennung und Verhinderung der Weiterverbreitung von durch Wasser übertragbaren Krankheiten zu entwickeln. Beim Umweltbundesamt können zur Erfüllung dieser Aufgaben beratende Fachkommissionen eingerichtet werden, die Empfehlungen zum Schutz der menschlichen Gesundheit hinsichtlich der Anforderungen an die Qualität des in § 37 Abs. 1 und 2 bezeichneten Wassers sowie der insoweit notwendigen Maßnahmen abgeben können. Die Mitglieder dieser Kommissionen werden vom Bundesministerium für Gesundheit im Benehmen mit dem Bundesministerium für Umwelt, Naturschutz, Bau und Reaktorsicherheit sowie im Benehmen mit den jeweils zuständigen obersten Landesbehörden berufen. Vertreter des Bundesministeriums für Gesundheit, des Bundesministeriums für Umwelt, Naturschutz, Bau und Reaktorsicherheit und des Umweltbundesamtes nehmen mit beratender Stimme an den Sitzungen teil. Weitere Vertreter von Bundes- und Landesbehörden können daran teilnehmen.

§ 41 Abwasser

(1) Die Abwasserbeseitigungspflichtigen haben darauf hinzuwirken, dass Abwasser so beseitigt wird, dass Gefahren für die menschliche Gesundheit durch Krankheitserreger nicht entstehen. Einrichtungen zur Beseitigung des in Satz 1 genannten Abwassers unterliegen der infektionshygienischen Überwachung durch die zuständige Behörde. Die Betreiber von Einrichtungen nach Satz 2 sind verpflichtet, den Beauftragten der zuständigen Behörde Grundstücke, Räume, Anlagen und Einrichtungen zugänglich zu machen und auf Verlangen Auskunft zu erteilen, soweit dies zur Überwachung erforderlich ist. Das Grundrecht der Unverletzlichkeit der Wohnung (Artikel 13 Abs. 1 Grundgesetz) wird insoweit eingeschränkt. § 16 Abs. 1 bis 3 findet Anwendung.

(2) Die Landesregierungen werden ermächtigt, bezüglich des Abwassers durch Rechtsverordnung entsprechende Gebote und Verbote zur Verhütung

übertragbarer Krankheiten zu erlassen. Die Landesregierungen können die Ermächtigung durch Rechtsverordnung auf andere Stellen übertragen. Das Grundrecht der Unverletzlichkeit der Wohnung (Artikel 13 Abs. 1 Grundgesetz) kann insoweit eingeschränkt werden.

8. Abschnitt
Gesundheitliche Anforderungen an das Personal beim Umgang mit Lebensmitteln

§ 42 Tätigkeits- und Beschäftigungsverbote

(1) Personen, die

1.

an Typhus abdominalis, Paratyphus, Cholera, Shigellenruhr, Salmonellose, einer anderen infektiösen Gastroenteritis oder Virushepatitis A oder E erkrankt oder dessen verdächtig sind,

2.

an infizierten Wunden oder an Hautkrankheiten erkrankt sind, bei denen die Möglichkeit besteht, dass deren Krankheitserreger über Lebensmittel übertragen werden können,

3.

die Krankheitserreger Shigellen, Salmonellen, enterohämorrhagische Escherichia coli oder Choleravibrionen ausscheiden,

dürfen nicht tätig sein oder beschäftigt werden

a)

beim Herstellen, Behandeln oder Inverkehrbringen der in Absatz 2 genannten Lebensmittel, wenn sie dabei mit diesen in Berührung kommen, oder

b)

in Küchen von Gaststätten und sonstigen Einrichtungen mit oder zur Gemeinschaftsverpflegung.

Satz 1 gilt entsprechend für Personen, die mit Bedarfsgegenständen, die für die dort genannten Tätigkeiten verwendet werden, so in Berührung kommen, dass eine Übertragung von Krankheitserregern auf die Lebensmittel im Sinne des Absatzes 2 zu befürchten ist. Die Sätze 1 und 2 gelten nicht für den privaten hauswirtschaftlichen Bereich.

(2) Lebensmittel im Sinne des Absatzes 1 sind

1.

Fleisch, Geflügelfleisch und Erzeugnisse daraus

2.

Milch und Erzeugnisse auf Milchbasis

3.

Fische, Krebse oder Weichtiere und Erzeugnisse daraus

4.

Eiprodukte

5.

Säuglings- und Kleinkindernahrung

6.

Speiseeis und Speiseeishalberzeugnisse

7.

Backwaren mit nicht durchgebackener oder durcherhitzter Füllung oder Auflage

8.

Feinkost-, Rohkost- und Kartoffelsalate, Marinaden, Mayonnaisen, andere emulgierte Soßen, Nahrungshefen

9.

Sprossen und Keimlinge zum Rohverzehr sowie Samen zur Herstellung von Sprossen und Keimlingen zum Rohverzehr.

(3) Personen, die in amtlicher Eigenschaft, auch im Rahmen ihrer Ausbildung, mit den in Absatz 2 bezeichneten Lebensmitteln oder mit Bedarfsgegenständen im Sinne des Absatzes 1 Satz 2 in Berührung kommen, dürfen ihre Tätigkeit nicht ausüben, wenn sie an einer der in Absatz 1 Nr. 1 genannten Krankheiten erkrankt

oder dessen verdächtig sind, an einer der in Absatz 1 Nr. 2 genannten Krankheiten erkrankt sind oder die in Absatz 1 Nr. 3 genannten Krankheitserreger ausscheiden.

(4) Das Gesundheitsamt kann Ausnahmen von den Verboten nach dieser Vorschrift zulassen, wenn Maßnahmen durchgeführt werden, mit denen eine Übertragung der aufgeführten Erkrankungen und Krankheitserreger verhütet werden kann.

(5) Das Bundesministerium für Gesundheit wird ermächtigt, durch Rechtsverordnung mit Zustimmung des Bundesrates den Kreis der in Absatz 1 Nr. 1 und 2 genannten Krankheiten, der in Absatz 1 Nr. 3 genannten Krankheitserreger und der in Absatz 2 genannten Lebensmittel einzuschränken, wenn epidemiologische Erkenntnisse dies zulassen, oder zu erweitern, wenn dies zum Schutz der menschlichen Gesundheit vor einer Gefährdung durch Krankheitserreger erforderlich ist. In dringenden Fällen kann zum Schutz der Bevölkerung die Rechtsverordnung ohne Zustimmung des Bundesrates erlassen werden. Eine auf der Grundlage des Satzes 2 erlassene Verordnung tritt ein Jahr nach ihrem Inkrafttreten außer Kraft; ihre Geltungsdauer kann mit Zustimmung des Bundesrates verlängert werden.

§ 43 Belehrung, Bescheinigung des Gesundheitsamtes

(1) Personen dürfen gewerbsmäßig die in § 42 Abs. 1 bezeichneten Tätigkeiten erstmalig nur dann ausüben und mit diesen Tätigkeiten erstmalig nur dann beschäftigt werden, wenn durch eine nicht mehr als drei Monate alte Bescheinigung des Gesundheitsamtes oder eines vom Gesundheitsamt beauftragten Arztes nachgewiesen ist, dass sie

1.

over die in § 42 Abs. 1 genannten Tätigkeitsverbote und über die Verpflichtungen nach den Absätzen 2, 4 und 5 in mündlicher und schriftlicher Form vom Gesundheitsamt oder von einem durch das Gesundheitsamt beauftragten Arzt belehrt wurden und

2.

nach der Belehrung im Sinne der Nummer 1 schriftlich erklärt haben, dass ihnen keine Tatsachen für ein Tätigkeitsverbot bei ihnen bekannt sind. Liegen Anhaltspunkte vor, dass bei einer Person Hinderungsgründe nach § 42 Abs. 1 bestehen, so darf die Bescheinigung erst ausgestellt werden, wenn durch ein ärztliches Zeugnis nachgewiesen ist, dass Hinderungsgründe nicht oder nicht mehr bestehen.

(2) Treten bei Personen nach Aufnahme ihrer Tätigkeit Hinderungsgründe nach § 42 Abs. 1 auf, sind sie verpflichtet, dies ihrem Arbeitgeber oder Dienstherrn unverzüglich mitzuteilen.

(3) Werden dem Arbeitgeber oder Dienstherrn Anhaltspunkte oder Tatsachen bekannt, die ein Tätigkeitsverbot nach § 42 Abs. 1 begründen, so hat dieser unverzüglich die zur Verhinderung der Weiterverbreitung der Krankheitserreger erforderlichen Maßnahmen einzuleiten.

(4) Der Arbeitgeber hat Personen, die eine der in § 42 Abs. 1 Satz 1 oder 2 genannten Tätigkeiten ausüben, nach Aufnahme ihrer Tätigkeit und im Weiteren alle zwei Jahre über die in § 42 Abs. 1 genannten Tätigkeitsverbote und über die Verpflichtung nach Absatz 2 zu belehren. Die Teilnahme an der Belehrung ist zu dokumentieren. Die Sätze 1 und 2 finden für Dienstherren entsprechende Anwendung.

(5) Die Bescheinigung nach Absatz 1 und die letzte Dokumentation der Belehrung nach Absatz 4 sind beim Arbeitgeber aufzubewahren. Der Arbeitgeber hat die Nachweise nach Satz 1 und, sofern er eine in § 42 Abs. 1 bezeichnete Tätigkeit selbst ausübt, die ihn betreffende Bescheinigung nach Absatz 1 Satz 1 an der Betriebsstätte verfügbar zu halten und der zuständigen Behörde und ihren Beauftragten auf Verlangen vorzulegen. Bei Tätigkeiten an wechselnden Standorten genügt die Vorlage einer beglaubigten Abschrift oder einer beglaubigten Kopie.

(6) Im Falle der Geschäftsunfähigkeit oder der beschränkten Geschäftsfähigkeit treffen die Verpflichtungen nach Absatz 1 Satz 1 Nr. 2 und Absatz 2 denjenigen, dem die Sorge für die Person zusteht. Die gleiche Verpflichtung trifft auch den

Betreuer, soweit die Sorge für die Person zu seinem Aufgabenkreis gehört. Die den Arbeitgeber oder Dienstherrn betreffenden Verpflichtungen nach dieser Vorschrift gelten entsprechend für Personen, die die in § 42 Abs. 1 genannten Tätigkeiten selbständig ausüben.

(7) Das Bundesministerium für Gesundheit wird ermächtigt, durch Rechtsverordnung mit Zustimmung des Bundesrates Untersuchungen und weitergehende Anforderungen vorzuschreiben oder Anforderungen einzuschränken, wenn Rechtsakte der Europäischen Gemeinschaft dies erfordern.

9. Abschnitt

Tätigkeiten mit Krankheitserregern

§ 44 Erlaubnispflicht für Tätigkeiten mit Krankheitserregern

Wer Krankheitserreger in den Geltungsbereich dieses Gesetzes verbringen, sie ausführen, aufbewahren, abgeben oder mit ihnen arbeiten will, bedarf einer Erlaubnis der zuständigen Behörde.

§ 45 Ausnahmen

(1) Einer Erlaubnis nach § 44 bedürfen nicht Personen, die zur selbständigen Ausübung des Berufs als Arzt, Zahnarzt oder Tierarzt berechtigt sind, für mikrobiologische Untersuchungen zur orientierenden medizinischen und veterinärmedizinischen Diagnostik mittels solcher kultureller Verfahren, die auf die primäre Anzucht und nachfolgender Subkultur zum Zwecke der Resistenzbestimmung beschränkt sind und bei denen die angewendeten Methoden nicht auf den spezifischen Nachweis meldepflichtiger Krankheitserreger gerichtet sind, soweit die Untersuchungen für die unmittelbare Behandlung der eigenen Patienten für die eigene Praxis durchgeführt werden.

(2) Eine Erlaubnis nach § 44 ist nicht erforderlich für

1.

Sterilitätsprüfungen, Bestimmung der Koloniezahl und sonstige Arbeiten zur mikrobiologischen Qualitätssicherung bei der Herstellung, Prüfung und der Überwachung des Verkehrs mit

a)

Arzneimitteln,

b)

Medizinprodukten,

2.

Sterilitätsprüfungen, Bestimmung der Koloniezahl und sonstige Arbeiten zur mikrobiologischen Qualitätssicherung, soweit diese nicht dem spezifischen Nachweis von Krankheitserregern dienen und dazu Verfahrensschritte zur gezielten Anreicherung oder gezielten Vermehrung von Krankheitserregern beinhalten,

3.

Sterilitätsprüfungen, Bestimmung der Koloniezahl und sonstige Arbeiten zur mikrobiologischen Qualitätssicherung, wenn

a)

diese durch die in Absatz 1 bezeichneten Personen durchgeführt werden,

b)

der Qualitätssicherung von mikrobiologischen Untersuchungen nach Absatz 1 dienen und

c)

von der jeweiligen Berufskammer vorgesehen sind.

(3) Die zuständige Behörde hat Personen für sonstige Arbeiten zur mikrobiologischen Qualitätssicherung, die auf die primäre Anzucht auf Selektivmedien beschränkt sind, von der Erlaubnispflicht nach § 44 freizustellen, wenn die Personen im Rahmen einer mindestens zweijährigen Tätigkeit auf dem Gebiet der mikrobiologischen Qualitätssicherung oder im Rahmen einer staatlich

geregelten Ausbildung die zur Ausübung der beabsichtigten Tätigkeiten erforderliche Sachkunde erworben haben.

(4) Die zuständige Behörde hat Tätigkeiten im Sinne der Absätze 1, 2 und 3 zu untersagen, wenn eine Person, die die Arbeiten ausführt, sich bezüglich der erlaubnisfreien Tätigkeiten nach den Absätzen 1, 2 oder 3 als unzuverlässig erwiesen hat.

§ 46 Tätigkeit unter Aufsicht

Der Erlaubnis nach § 44 bedarf nicht, wer unter Aufsicht desjenigen, der eine Erlaubnis besitzt oder nach § 45 keiner Erlaubnis bedarf, tätig ist.

§ 47 Versagungsgründe, Voraussetzungen für die Erlaubnis

(1) Die Erlaubnis ist zu versagen, wenn der Antragsteller

1.

die erforderliche Sachkenntnis nicht besitzt oder

2.

sich als unzuverlässig in Bezug auf die Tätigkeiten erwiesen hat, für deren Ausübung die Erlaubnis beantragt wird.

(2) Die erforderliche Sachkenntnis wird durch

1.

den Abschluss eines Studiums der Human-, Zahn- oder Veterinärmedizin, der Pharmazie oder den Abschluss eines naturwissenschaftlichen Fachhochschul- oder Universitätsstudiums mit mikrobiologischen Inhalten und

2.

eine mindestens zweijährige hauptberufliche Tätigkeit mit Krankheitserregern unter Aufsicht einer Person, die im Besitz der Erlaubnis zum Arbeiten mit Krankheitserregern ist,

nachgewiesen. Die zuständige Behörde hat auch eine andere, mindestens zweijährige hauptberufliche Tätigkeit auf dem Gebiet der Bakteriologie, Mykologie,

Parasitologie oder Virologie als Nachweis der Sachkenntnis nach Nummer 2 anzuerkennen, wenn der Antragsteller bei dieser Tätigkeit eine gleichwertige Sachkenntnis erworben hat.

(3) Die Erlaubnis ist auf bestimmte Tätigkeiten und auf bestimmte Krankheitserreger zu beschränken und mit Auflagen zu verbinden, soweit dies zur Verhütung übertragbarer Krankheiten erforderlich ist. Die zuständige Behörde kann Personen, die ein naturwissenschaftliches Fachhochschul- oder Universitätsstudium ohne mikrobiologische Inhalte oder ein ingenieurwissenschaftliches Fachhochschul- oder Universitätsstudium mit mikrobiologischen Inhalten abgeschlossen haben oder die die Voraussetzungen nach Absatz 2 Satz 1 Nr. 2 nur teilweise erfüllen, eine Erlaubnis nach Satz 1 erteilen, wenn der Antragsteller für den eingeschränkten Tätigkeitsbereich eine ausreichende Sachkenntnis erworben hat.

(4) Bei Antragstellern, die nicht die Approbation oder Bestallung als Arzt, Zahnarzt oder Tierarzt besitzen, darf sich die Erlaubnis nicht auf den direkten oder indirekten Nachweis eines Krankheitserregers für die Feststellung einer Infektion oder übertragbaren Krankheit erstrecken. Satz 1 gilt nicht für Antragsteller, die Arbeiten im Auftrag eines Arztes, Zahnarztes oder Tierarztes, die im Besitz der Erlaubnis sind, oder Untersuchungen in Krankenhäusern für die unmittelbare Behandlung der Patienten des Krankenhauses durchführen.

§ 48 Rücknahme und Widerruf

Die Erlaubnis nach § 44 kann außer nach den Vorschriften des Verwaltungsverfahrensgesetzes zurückgenommen oder widerrufen werden, wenn ein Versagungsgrund nach § 47 Abs. 1 vorliegt.

§ 49 Anzeigepflichten

(1) Wer Tätigkeiten im Sinne von § 44 erstmalig aufnehmen will, hat dies der zuständigen Behörde mindestens 30 Tage vor Aufnahme anzuzeigen. Die Anzeige nach Satz 1 muss enthalten:

1.

eine beglaubigte Abschrift der Erlaubnis, soweit die Erlaubnis nicht von der Behörde nach Satz 1 ausgestellt wurde, oder Angaben zur Erlaubnisfreiheit im Sinne von § 45,

2.

Angaben zu Art und Umfang der beabsichtigten Tätigkeiten sowie Entsorgungsmaßnahmen,

3.

Angaben zur Beschaffenheit der Räume und Einrichtungen.

Soweit die Angaben in einem anderen durch Bundesrecht geregelten Verfahren bereits gemacht wurden, kann auf die dort vorgelegten Unterlagen Bezug genommen werden. Die Anzeigepflicht gilt nicht für Personen, die auf der Grundlage des § 46 tätig sind.

(2) Mit Zustimmung der zuständigen Behörde können die Tätigkeiten im Sinne von § 44 vor Ablauf der Frist aufgenommen werden.

(3) Die zuständige Behörde untersagt Tätigkeiten, wenn eine Gefährdung der Gesundheit der Bevölkerung zu besorgen ist, insbesondere weil

1.

für Art und Umfang der Tätigkeiten geeignete Räume oder Einrichtungen nicht vorhanden sind oder

2.

die Voraussetzungen für eine gefahrlose Entsorgung nicht gegeben sind.

§ 50 Veränderungsanzeige

Wer eine in § 44 genannte Tätigkeit ausübt, hat jede wesentliche Veränderung der Beschaffenheit der Räume und Einrichtungen, der Entsorgungsmaßnahmen sowie von Art und Umfang der Tätigkeit unverzüglich der zuständigen Behörde anzuzeigen. Anzuzeigen ist auch die Beendigung oder Wiederaufnahme der Tätigkeit. § 49 Abs. 1 Satz 3 gilt entsprechend. Die Anzeigepflicht gilt nicht für Personen, die auf der Grundlage des § 46 tätig sind.

§ 50a Laborcontainment und Ausrottung des Poliovirus; Verordnungsermächtigung

(1) Natürliche oder juristische Personen, die die tatsächliche Sachherrschaft über Polioviren oder Material, das möglicherweise Polioviren enthält, haben (Besitzer), haben dies der zuständigen Behörde unverzüglich anzuzeigen. Die Anzeige muss Angaben zu der Einrichtung, zu der verantwortlichen Person, zu der Art und der Menge der Polioviren oder des Materials sowie zu dem damit verfolgten Zweck enthalten. Im Fall einer wesentlichen Veränderung der Tatsachen nach Satz 2 gelten die Sätze 1 und 2 entsprechend. Die zuständige Behörde übermittelt die Angaben nach den Sätzen 1 bis 3 unverzüglich der obersten Landesgesundheitsbehörde, die sie unverzüglich der Geschäftsstelle der Nationalen Kommission für die Polioeradikation beim Robert Koch-Institut übermittelt. Die Pflichten nach den §§ 49 und 50 bleiben von den Sätzen 1 bis 3 unberührt.

(2) Der Besitzer hat Polioviren oder Material, das möglicherweise Polioviren enthält, unverzüglich zu vernichten, sobald die Polioviren oder das Material nicht mehr konkret für Zwecke der Erkennung, Verhütung oder Bekämpfung von Poliomyelitis oder Polioviren benötigt wird.

(3) Polioviren oder Material, das möglicherweise Polioviren enthält, darf nur eine Einrichtung besitzen, die eine Zulassung für den Besitz von Polioviren hat (zentrale Einrichtung). Für Polioimpf- oder -wildviren des Typs 1 und 3 sowie für Material, das möglicherweise solche Polioviren enthält, gilt Satz 1 ab den in einer Rechtsverordnung nach Absatz 4 Nummer 2 festgelegten Zeitpunkten. Die Zulassung als zentrale Einrichtung darf die zuständige Behörde mit Zustimmung der obersten Landesgesundheitsbehörde nur erteilen, wenn die Einrichtung Sicherheitsmaßnahmen gewährleistet, die mindestens den Schutzmaßnahmen der Schutzstufe 3 nach den §§ 10 und 13 der Biostoffverordnung entsprechen und die die Anforderungen erfüllen, die nach den Empfehlungen der Weltgesundheitsorganisation an die Biosicherheit in Bezug auf Polioviren zu stellen sind. Die Zulassung ist auf ein Jahr zu befristen. Die zentrale Einrichtung ist mit der Zulassung verpflichtet, Polioviren und Material, das Polioviren enthält, aus

anderen Einrichtungen zu übernehmen; bei der Übernahme ist jeweils Absatz 1 anzuwenden. Absatz 2 bleibt unberührt. Die zentrale Einrichtung hat über den jeweiligen Bestand nach den Vorgaben der zuständigen Behörde ein Verzeichnis zu führen.

(4) Das Bundesministerium für Gesundheit wird ermächtigt, durch Rechtsverordnung mit Zustimmung des Bundesrates die Zeitpunkte festzulegen,

1.

zu denen Polioviren und Material, das möglicherweise Polioviren enthält, nach Absatz 2 spätestens vernichtet sein müssen,

2.

ab denen nur eine zentrale Einrichtung Poliowildviren des Typs 1 und 3, Polioimpfviren des Typs 1 und 3 sowie Material, das möglicherweise solche Polioviren enthält, besitzen darf.

(5) Wenn der Verdacht besteht, dass eine Person Polioviren oder Material, das möglicherweise Polioviren enthält, besitzt, ohne dass dies nach Absatz 1 angezeigt wurde, kann die zuständige Behörde die erforderlichen Ermittlungen durchführen. Für die Ermittlungen gilt § 16 Absatz 2 bis 4 entsprechend. Das Grundrecht der Unverletzlichkeit der Wohnung (Artikel 13 Absatz 1 des Grundgesetzes) wird insoweit eingeschränkt.

§ 51 Aufsicht

Wer eine in § 44 genannte Tätigkeit ausübt oder Polioviren oder Material, das möglicherweise Polioviren enthält, besitzt, untersteht der Aufsicht der zuständigen Behörde. Er und der sonstige Berechtigte ist insoweit verpflichtet, den von der zuständigen Behörde beauftragten Personen Grundstücke, Räume, Anlagen und Einrichtungen zugänglich zu machen, auf Verlangen Bücher und sonstige Unterlagen vorzulegen, die Einsicht in diese zu gewähren und die notwendigen Prüfungen zu dulden. Das Grundrecht der Unverletzlichkeit der Wohnung (Artikel 13 Abs. 1 Grundgesetz) wird insoweit eingeschränkt.

§ 52 Abgabe

Krankheitserreger sowie Material, das Krankheitserreger enthält, dürfen nur an denjenigen abgegeben werden, der eine Erlaubnis besitzt, unter Aufsicht eines Erlaubnisinhabers tätig ist oder einer Erlaubnis nach § 45 Absatz 2 Nummer 1 oder Nummer 3 nicht bedarf. Satz 1 gilt nicht für staatliche human- oder veterinärmedizinische Untersuchungseinrichtungen.

§ 53 Anforderungen an Räume und Einrichtungen, Gefahrenvorsorge

(1) Die Bundesregierung wird ermächtigt, durch Rechtsverordnung mit Zustimmung des Bundesrates Vorschriften

1.

   über die an die Beschaffenheit der Räume und Einrichtungen zu stellenden Anforderungen sowie

2.

   über die Sicherheitsmaßnahmen, die bei Tätigkeiten nach § 44 zu treffen sind,

zu erlassen, soweit dies zum Schutz der Bevölkerung vor übertragbaren Krankheiten erforderlich ist.

(2) In der Rechtsverordnung nach Absatz 1 kann zum Zwecke der Überwachung der Tätigkeiten auch vorgeschrieben werden, dass bei bestimmten Tätigkeiten Verzeichnisse zu führen und Berichte über die durchgeführten Tätigkeiten der zuständigen Behörde vorzulegen sowie bestimmte Wahrnehmungen dem Gesundheitsamt zu melden sind, soweit dies zur Verhütung oder Bekämpfung übertragbarer Krankheiten erforderlich ist.

§ 53a Verfahren über eine einheitliche Stelle, Entscheidungsfrist

(1) Verwaltungsverfahren nach diesem Abschnitt können über eine einheitliche Stelle abgewickelt werden.

(2) Über Anträge auf Erteilung einer Erlaubnis nach § 44 entscheidet die zuständige Behörde innerhalb einer Frist von drei Monaten. § 42a Absatz 2 Satz 2 bis 4 des Verwaltungsverfahrensgesetzes gilt entsprechend.

10. Abschnitt

Zuständige Behörde

§ 54 Benennung der Behörde

Die Landesregierungen bestimmen durch Rechtsverordnung die zuständigen Behörden im Sinne dieses Gesetzes, soweit eine landesrechtliche Regelung nicht besteht. Sie können ferner darin bestimmen, dass nach diesem Gesetz der obersten Landesgesundheitsbehörde oder der für die Kriegsopferversorgung zuständigen obersten Landesbehörde zugewiesene Aufgaben ganz oder im Einzelnen von einer diesen jeweils nachgeordneten Landesbehörde wahrgenommen werden und dass auf die Wahrnehmung von Zustimmungsvorbehalten der obersten Landesbehörden nach diesem Gesetz verzichtet wird.

11. Abschnitt

Angleichung an Gemeinschaftsrecht

§ 55 Angleichung an Gemeinschaftsrecht

Rechtsverordnungen nach diesem Gesetz können auch zum Zwecke der Angleichung der Rechtsvorschriften der Mitgliedstaaten der Europäischen Union erlassen werden, soweit dies zur Durchführung von Verordnungen oder zur Umsetzung von Richtlinien oder Entscheidungen des Rates der Europäischen Union oder der Kommission der Europäischen Gemeinschaften, die Sachbereiche dieses Gesetzes betreffen, erforderlich ist.

12. Abschnitt

Entschädigung in besonderen Fällen

§ 56 Entschädigung

(1) Wer auf Grund dieses Gesetzes als Ausscheider, Ansteckungsverdächtiger, Krankheitsverdächtiger oder als sonstiger Träger von Krankheitserregern im Sinne von § 31 Satz 2 Verboten in der Ausübung seiner bisherigen Erwerbstätigkeit unterliegt oder unterworfen wird und dadurch einen Verdienstausfall erleidet, erhält eine Entschädigung in Geld. Das Gleiche gilt für Personen, die als Ausscheider oder Ansteckungsverdächtige abgesondert wurden oder werden, bei Ausscheidern jedoch nur, wenn sie andere Schutzmaßnahmen nicht befolgen können.

(2) Die Entschädigung bemisst sich nach dem Verdienstausfall. Für die ersten sechs Wochen wird sie in Höhe des Verdienstausfalls gewährt. Vom Beginn der siebenten Woche an wird sie in Höhe des Krankengeldes nach § 47 Abs. 1 des Fünften Buches Sozialgesetzbuch gewährt, soweit der Verdienstausfall die für die gesetzliche Krankenversicherungspflicht maßgebende Jahresarbeitsentgeltgrenze nicht übersteigt.

(3) Als Verdienstausfall gilt das Arbeitsentgelt (§ 14 des Vierten Buches Sozialgesetzbuch), das dem Arbeitnehmer bei der für ihn maßgebenden regelmäßigen Arbeitszeit nach Abzug der Steuern und der Beiträge zur Sozialversicherung und zur Arbeitsförderung oder entsprechenden Aufwendungen zur sozialen Sicherung in angemessenem Umfang zusteht (Netto-Arbeitsentgelt). Der Betrag erhöht sich um das Kurzarbeitergeld und um das Zuschuss-Wintergeld, auf das der Arbeitnehmer Anspruch hätte, wenn er nicht aus den in Absatz 1 genannten Gründen an der Arbeitsleistung verhindert wäre. Verbleibt dem Arbeitnehmer nach Einstellung der verbotenen Tätigkeit oder bei Absonderung ein Teil des bisherigen Arbeitsentgelts, so gilt als Verdienstausfall der Unterschiedsbetrag zwischen dem in Satz 1 genannten Netto-Arbeitsentgelt und dem in dem auf die Einstellung der verbotenen Tätigkeit oder der Absonderung folgenden Kalendermonat erzielten Netto-Arbeitsentgelt aus dem bisherigen

Arbeitsverhältnis. Die Sätze 1 und 3 gelten für die Berechnung des Verdienstausfalls bei den in Heimarbeit Beschäftigten und bei Selbständigen entsprechend mit der Maßgabe, dass bei den in Heimarbeit Beschäftigten das im Durchschnitt des letzten Jahres vor Einstellung der verbotenen Tätigkeit oder vor der Absonderung verdiente monatliche Arbeitsentgelt und bei Selbständigen ein Zwölftel des Arbeitseinkommens (§ 15 des Vierten Buches Sozialgesetzbuch) aus der entschädigungspflichtigen Tätigkeit zugrunde zu legen ist.

(4) Bei einer Existenzgefährdung können den Entschädigungsberechtigten die während der Verdienstausfallzeiten entstehenden Mehraufwendungen auf Antrag in angemessenem Umfang von der zuständigen Behörde erstattet werden. Selbständige, deren Betrieb oder Praxis während der Dauer einer Maßnahme nach Absatz 1 ruht, erhalten neben der Entschädigung nach den Absätzen 2 und 3 auf Antrag von der zuständigen Behörde Ersatz der in dieser Zeit weiterlaufenden nicht gedeckten Betriebsausgaben in angemessenem Umfang.

(5) Bei Arbeitnehmern hat der Arbeitgeber für die Dauer des Arbeitsverhältnisses, längstens für sechs Wochen, die Entschädigung für die zuständige Behörde auszuzahlen. Die ausgezahlten Beträge werden dem Arbeitgeber auf Antrag von der zuständigen Behörde erstattet. Im Übrigen wird die Entschädigung von der zuständigen Behörde auf Antrag gewährt.

(6) Bei Arbeitnehmern richtet sich die Fälligkeit der Entschädigungsleistungen nach der Fälligkeit des aus der bisherigen Tätigkeit erzielten Arbeitsentgelts. Bei sonstigen Entschädigungsberechtigten ist die Entschädigung jeweils zum Ersten eines Monats für den abgelaufenen Monat zu gewähren.

(7) Wird der Entschädigungsberechtigte arbeitsunfähig, so bleibt der Entschädigungsanspruch in Höhe des Betrages, der bei Eintritt der Arbeitsunfähigkeit an den Berechtigten auszuzahlen war, bestehen. Ansprüche, die Berechtigten nach Absatz 1 Satz 2 wegen des durch die Arbeitsunfähigkeit bedingten Verdienstausfalls auf Grund anderer gesetzlicher Vorschriften oder eines privaten Versicherungsverhältnisses zustehen, gehen insoweit auf das entschädigungspflichtige Land über.

(8) Auf die Entschädigung sind anzurechnen

1.

Zuschüsse des Arbeitgebers, soweit sie zusammen mit der Entschädigung den tatsächlichen Verdienstausfall übersteigen,

2.

das Netto-Arbeitsentgelt und das Arbeitseinkommen nach Absatz 3 aus einer Tätigkeit, die als Ersatz der verbotenen Tätigkeit ausgeübt wird, soweit es zusammen mit der Entschädigung den tatsächlichen Verdienstausfall übersteigt,

3.

der Wert desjenigen, das der Entschädigungsberechtigte durch Ausübung einer anderen als der verbotenen Tätigkeit zu erwerben böswillig unterlässt, soweit es zusammen mit der Entschädigung den tatsächlichen Verdienstausfall übersteigt,

4.

das Arbeitslosengeld in der Höhe, in der diese Leistung dem Entschädigungsberechtigten ohne Anwendung der Vorschriften über das Ruhen des Anspruchs auf Arbeitslosengeld bei Sperrzeit nach dem Dritten Buch Sozialgesetzbuch sowie des § 66 des Ersten Buches Sozialgesetzbuch in der jeweils geltenden Fassung hätten gewährt werden müssen.

Liegen die Voraussetzungen für eine Anrechnung sowohl nach Nummer 3 als auch nach Nummer 4 vor, so ist der höhere Betrag anzurechnen.

(9) Der Anspruch auf Entschädigung geht insoweit, als dem Entschädigungsberechtigten Arbeitslosengeld oder Kurzarbeitergeld für die gleiche Zeit zu gewähren ist, auf die Bundesagentur für Arbeit über.

(10) Ein auf anderen gesetzlichen Vorschriften beruhender Anspruch auf Ersatz des Verdienstausfalls, der dem Entschädigungsberechtigten durch das Verbot der Ausübung seiner Erwerbstätigkeit oder durch die Absonderung erwachsen ist, geht insoweit auf das zur Gewährung der Entschädigung verpflichtete Land über, als

dieses dem Entschädigungsberechtigten nach diesem Gesetz Leistungen zu gewähren hat.

(11) Die Anträge nach Absatz 5 sind innerhalb einer Frist von drei Monaten nach Einstellung der verbotenen Tätigkeit oder dem Ende der Absonderung bei der zuständigen Behörde zu stellen. Dem Antrag ist von Arbeitnehmern eine Bescheinigung des Arbeitgebers und von den in Heimarbeit Beschäftigten eine Bescheinigung des Auftraggebers über die Höhe des in dem nach Absatz 3 für sie maßgeblichen Zeitraum verdienten Arbeitsentgelts und der gesetzlichen Abzüge, von Selbständigen eine Bescheinigung des Finanzamtes über die Höhe des letzten beim Finanzamt nachgewiesenen Arbeitseinkommens beizufügen. Ist ein solches Arbeitseinkommen noch nicht nachgewiesen oder ist ein Unterschiedsbetrag nach Absatz 3 zu errechnen, so kann die zuständige Behörde die Vorlage anderer oder weiterer Nachweise verlangen.

(12) Die zuständige Behörde hat auf Antrag dem Arbeitgeber einen Vorschuss in der voraussichtlichen Höhe des Erstattungsbetrages, den in Heimarbeit Beschäftigten und Selbständigen in der voraussichtlichen Höhe der Entschädigung zu gewähren.

§ 57 Verhältnis zur Sozialversicherung und zur Arbeitsförderung

(1) Für Personen, denen eine Entschädigung nach § 56 Abs. 1 zu gewähren ist, besteht eine Versicherungspflicht in der gesetzlichen Rentenversicherung fort. Bemessungsgrundlage für Beiträge sind

1.

bei einer Entschädigung nach § 56 Abs. 2 Satz 2 das Arbeitsentgelt, das der Verdienstausfallentschädigung nach § 56 Abs. 3 vor Abzug von Steuern und Beitragsanteilen zur Sozialversicherung oder entsprechender Aufwendungen zur sozialen Sicherung zugrunde liegt,

2.

bei einer Entschädigung nach § 56 Abs. 2 Satz 3 80 vom Hundert des dieser Entschädigung zugrunde liegenden Arbeitsentgelts oder Arbeitseinkommens.

Das entschädigungspflichtige Land trägt die Beiträge zur gesetzlichen Rentenversicherung allein. Zahlt der Arbeitgeber für die zuständige Behörde die Entschädigung aus, gelten die Sätze 2 und 3 entsprechend; die zuständige Behörde hat ihm auf Antrag die entrichteten Beiträge zu erstatten.

(2) Für Personen, denen nach § 56 Abs. 1 Satz 2 eine Entschädigung zu gewähren ist, besteht eine Versicherungspflicht in der gesetzlichen Kranken- und in der sozialen Pflegeversicherung sowie nach dem Dritten Buch Sozialgesetzbuch fort. Absatz 1 Satz 2 bis 4 gilt entsprechend.

(3) In der gesetzlichen Unfallversicherung wird, wenn es für den Berechtigten günstiger ist, der Berechnung des Jahresarbeitsverdienstes für Zeiten, in denen dem Verletzten im Jahr vor dem Arbeitsunfall eine Entschädigung nach § 56 Abs. 1 zu gewähren war, das Arbeitsentgelt oder Arbeitseinkommen zugrunde gelegt, das seinem durchschnittlichen Arbeitsentgelt oder Arbeitseinkommen in den mit Arbeitsentgelt oder Arbeitseinkommen belegten Zeiten dieses Zeitraums entspricht. § 82 Abs. 3 des Siebten Buches Sozialgesetzbuch gilt entsprechend. Die durch die Anwendung des Satzes 1 entstehenden Mehraufwendungen werden den Versicherungsträgern von der zuständigen Behörde erstattet.

(4) In der Krankenversicherung werden die Leistungen nach dem Arbeitsentgelt berechnet, das vor Beginn des Anspruchs auf Entschädigung gezahlt worden ist.

(5) Zeiten, in denen nach Absatz 1 eine Versicherungspflicht nach dem Dritten Buch Sozialgesetzbuch fortbesteht, bleiben bei der Feststellung des Bemessungszeitraums für einen Anspruch auf Arbeitslosengeld nach dem Dritten Buch Sozialgesetzbuch außer Betracht.

§ 58 Aufwendungserstattung

Entschädigungsberechtigte im Sinne des § 56 Abs. 1, die der Pflichtversicherung in der gesetzlichen Kranken-, Renten- sowie der sozialen Pflegeversicherung nicht unterliegen, haben gegenüber der zuständigen Behörde einen Anspruch auf Erstattung ihrer Aufwendungen für soziale Sicherung in angemessenem Umfang. In den Fällen, in denen sie Netto-Arbeitsentgelt und Arbeitseinkommen aus einer

Tätigkeit beziehen, die als Ersatz der verbotenen Tätigkeit ausgeübt wird, mindert sich der Anspruch nach Satz 1 in dem Verhältnis dieses Einkommens zur ungekürzten Entschädigung.

§ 59 Sondervorschrift für Ausscheider

Ausscheider, die Anspruch auf eine Entschädigung nach § 56 haben, gelten als körperlich Behinderte im Sinne des Dritten Buches Sozialgesetzbuch.

§ 60 Versorgung bei Impfschaden und bei Gesundheitsschäden durch andere Maßnahmen der spezifischen Prophylaxe

(1) Wer durch eine Schutzimpfung oder durch eine andere Maßnahme der spezifischen Prophylaxe, die

1.

von einer zuständigen Landesbehörde öffentlich empfohlen und in ihrem Bereich vorgenommen wurde,

2.

auf Grund dieses Gesetzes angeordnet wurde,

3.

gesetzlich vorgeschrieben war oder

4.

auf Grund der Verordnungen zur Ausführung der Internationalen Gesundheitsvorschriften durchgeführt worden ist,

eine gesundheitliche Schädigung erlitten hat, erhält nach der Schutzimpfung wegen des Impfschadens im Sinne des § 2 Nr. 11 oder in dessen entsprechender Anwendung bei einer anderen Maßnahme wegen der gesundheitlichen und wirtschaftlichen Folgen der Schädigung auf Antrag Versorgung in entsprechender Anwendung der Vorschriften des Bundesversorgungsgesetzes, soweit dieses Gesetz nichts Abweichendes bestimmt. Satz 1 Nr. 4 gilt nur für Personen, die zum Zwecke der Wiedereinreise in den Geltungsbereich dieses Gesetzes geimpft wurden und die ihren Wohnsitz oder gewöhnlichen Aufenthalt in diesem Gebiet haben oder nur vorübergehend aus beruflichen Gründen oder zum Zwecke der Ausbildung aufgegeben haben, sowie deren Angehörige, die mit ihnen in häuslicher Gemeinschaft leben. Als Angehörige gelten die in § 10 des Fünften Buches Sozialgesetzbuch genannten Personen.

(2) Versorgung im Sinne des Absatzes 1 erhält auch, wer als Deutscher außerhalb des Geltungsbereichs dieses Gesetzes einen Impfschaden durch eine Impfung erlitten hat, zu der er auf Grund des Impfgesetzes vom 8. April 1874 in der im Bundesgesetzblatt Teil III, Gliederungsnummer 2126-5, veröffentlichten bereinigten Fassung, bei einem Aufenthalt im Geltungsbereich dieses Gesetzes verpflichtet gewesen wäre. Die Versorgung wird nur gewährt, wenn der Geschädigte

1.

nicht im Geltungsbereich dieses Gesetzes geimpft werden konnte,

2.

von einem Arzt geimpft worden ist und

3.

zur Zeit der Impfung in häuslicher Gemeinschaft mit einem Elternteil oder einem Sorgeberechtigten gelebt hat, der sich zur Zeit der Impfung aus beruflichen Gründen oder zur Ausbildung nicht nur vorübergehend außerhalb des Geltungsbereichs dieses Gesetzes aufgehalten hat.

(3) Versorgung im Sinne des Absatzes 1 erhält auch, wer außerhalb des Geltungsbereichs dieses Gesetzes einen Impfschaden erlitten hat infolge einer Pockenimpfung auf Grund des Impfgesetzes oder infolge einer Pockenimpfung, die in den in § 1 Abs. 2 Nr. 3 des Bundesvertriebenengesetzes bezeichneten Gebieten, in der Deutschen Demokratischen Republik oder in Berlin (Ost) gesetzlich vorgeschrieben oder auf Grund eines Gesetzes angeordnet worden ist oder war, soweit nicht auf Grund anderer gesetzlicher Vorschriften Entschädigung gewährt wird. Ansprüche nach Satz 1 kann nur geltend machen, wer

1.

als Deutscher bis zum 8. Mai 1945,

2.

als Berechtigter nach den §§ 1 bis 4 des Bundesvertriebenengesetzes oder des § 1 des Flüchtlingshilfegesetzes in der Fassung der Bekanntmachung vom 15. Mai 1971 (BGBl. I S. 681), das zuletzt durch Artikel 24 des Gesetzes vom 26. Mai 1994 (BGBl. I S. 1014) geändert worden ist, in der jeweils geltenden Fassung,

3.

als Ehegatte oder Abkömmling eines Spätaussiedlers im Sinne des § 7 Abs. 2 des Bundesvertriebenengesetzes oder

4.

im Wege der Familienzusammenführung gemäß § 94 des Bundesvertriebenengesetzes in der vor dem 1. Januar 1993 geltenden Fassung

seinen ständigen Aufenthalt im Geltungsbereich dieses Gesetzes genommen hat oder nimmt.

(4) Die Hinterbliebenen eines Geschädigten im Sinne der Absätze 1 bis 3 erhalten auf Antrag Versorgung in entsprechender Anwendung der Vorschriften des Bundesversorgungsgesetzes. Partner einer eheähnlichen Gemeinschaft erhalten Leistungen in entsprechender Anwendung der §§ 40, 40a und 41 des Bundesversorgungsgesetzes, sofern ein Partner an den Schädigungsfolgen verstorben ist und der andere unter Verzicht auf eine Erwerbstätigkeit die Betreuung eines gemeinschaftlichen Kindes ausübt; dieser Anspruch ist auf die ersten drei Lebensjahre des Kindes beschränkt. Satz 2 gilt entsprechend, wenn ein Partner in der Zeit zwischen dem 1. November 1994 und dem 23. Juni 2006 an den Schädigungsfolgen verstorben ist.

(5) Als Impfschaden im Sinne des § 2 Nr. 11 gelten auch die Folgen einer gesundheitlichen Schädigung, die durch einen Unfall unter den Voraussetzungen des § 1 Abs. 2 Buchstabe e oder f oder des § 8a des Bundesversorgungsgesetzes herbeigeführt worden sind. Einem Impfschaden im Sinne des Satzes 1 steht die Beschädigung eines am Körper getragenen Hilfsmittels, einer Brille, von

Kontaktlinsen oder von Zahnersatz infolge eines Impfschadens im Sinne des Absatzes 1 oder eines Unfalls im Sinne des Satzes 1 gleich.

(6) Im Rahmen der Versorgung nach Absatz 1 bis 5 finden die Vorschriften des zweiten Kapitels des Zehnten Buches Sozialgesetzbuch über den Schutz der Sozialdaten Anwendung.

§ 61 Gesundheitsschadensanerkennung

Zur Anerkennung eines Gesundheitsschadens als Folge einer Schädigung im Sinne des § 60 Abs. 1 Satz 1 genügt die Wahrscheinlichkeit des ursächlichen Zusammenhangs. Wenn diese Wahrscheinlichkeit nur deshalb nicht gegeben ist, weil über die Ursache des festgestellten Leidens in der medizinischen Wissenschaft Ungewissheit besteht, kann mit Zustimmung der für die Kriegsopferversorgung zuständigen obersten Landesbehörde der Gesundheitsschaden als Folge einer Schädigung im Sinne des § 60 Abs. 1 Satz 1 anerkannt werden. Die Zustimmung kann allgemein erteilt werden.

§ 62 Heilbehandlung

Dem Geschädigten im Sinne von § 60 Abs. 1 bis 3 sind im Rahmen der Heilbehandlung auch heilpädagogische Behandlung, heilgymnastische und bewegungstherapeutische Übungen zu gewähren, wenn diese bei der Heilbehandlung notwendig sind.

§ 63 Konkurrenz von Ansprüchen, Anwendung der Vorschriften nach dem Bundesversorgungsgesetz, Übergangsregelungen zum Erstattungsverfahren an die Krankenkassen

(1) Treffen Ansprüche aus § 60 mit Ansprüchen aus § 1 des Bundesversorgungsgesetzes oder aus anderen Gesetzen zusammen, die eine entsprechende Anwendung des Bundesversorgungsgesetzes vorsehen, ist unter Berücksichtigung des durch die gesamten Schädigungsfolgen bedingten Grades der Schädigungsfolgen eine einheitliche Rente festzusetzen.

(2) Trifft ein Versorgungsanspruch nach § 60 mit einem Schadensersatzanspruch auf Grund fahrlässiger Amtspflichtverletzung zusammen, so wird der Anspruch nach § 839 Abs. 1 des Bürgerlichen Gesetzbuchs nicht dadurch ausgeschlossen, dass die Voraussetzungen des § 60 vorliegen.

(3) Bei Impfschäden gilt § 4 Abs. 1 Nr. 2 des Siebten Buches Sozialgesetzbuch nicht.

(4) § 81a des Bundesversorgungsgesetzes findet mit der Maßgabe Anwendung, dass der gegen Dritte bestehende gesetzliche Schadensersatzanspruch auf das zur Gewährung der Leistungen nach diesem Gesetz verpflichtete Land übergeht.

(5) Die §§ 64 bis 64d, 64f und 89 des Bundesversorgungsgesetzes sind entsprechend anzuwenden mit der Maßgabe, dass an die Stelle der Zustimmung des Bundesministeriums für Arbeit und Soziales die Zustimmung der für die Kriegsopferversorgung zuständigen obersten Landesbehörde tritt. Die Zustimmung ist bei entsprechender Anwendung des § 89 Abs. 2 des Bundesversorgungsgesetzes im Einvernehmen mit der obersten Landesgesundheitsbehörde zu erteilen.

(6) § 20 des Bundesversorgungsgesetzes ist mit den Maßgaben anzuwenden, dass an die Stelle der in Absatz 1 Satz 3 genannten Zahl die Zahl der rentenberechtigten Beschädigten und Hinterbliebenen nach diesem Gesetz im Vergleich zur Zahl des Vorjahres tritt, dass in Absatz 1 Satz 4 an die Stelle der dort genannten Ausgaben der Krankenkassen je Mitglied und Rentner einschließlich Familienangehörige die bundesweiten Ausgaben je Mitglied treten, dass Absatz 2 Satz 1 für die oberste Landesbehörde, die für die Kriegsopferversorgung zuständig ist, oder für die von ihr bestimmte Stelle gilt und dass in Absatz 3 an die Stelle der in Satz 1 genannten Zahl die Zahl 1,3 tritt und die Sätze 2 bis 4 nicht gelten.

(7) Am 1. Januar 1998 noch nicht gezahlte Erstattungen von Aufwendungen für Leistungen, die von den Krankenkassen vor dem 1. Januar 1998 erbracht worden sind, werden nach den bis dahin geltenden Erstattungsregelungen abgerechnet.

(8) Für das Jahr 1998 wird der Pauschalbetrag nach § 20 des Bundesversorgungsgesetzes wie folgt ermittelt: Aus der Summe der Erstattungen

des Landes an die Krankenkassen nach diesem Gesetz in den Jahren 1995 bis 1997, abzüglich der Erstattungen für Leistungen bei Pflegebedürftigkeit nach § 11 Abs. 4 und § 12 Abs. 5 des Bundesversorgungsgesetzes in der bis zum 31. März 1995 geltenden Fassung und abzüglich der Erstattungen nach § 19 Abs. 4 des Bundesversorgungsgesetzes in der bis zum 31. Dezember 1993 geltenden Fassung, wird der Jahresdurchschnitt ermittelt.

§ 64 Zuständige Behörde für die Versorgung

(1) Die Versorgung nach den §§ 60 bis 63 Abs. 1 wird von den für die Durchführung des Bundesversorgungsgesetzes zuständigen Behörden durchgeführt. Die örtliche Zuständigkeit der Behörden bestimmt die Regierung des Landes, das die Versorgung zu gewähren hat (§ 66 Abs. 2), durch Rechtsverordnung. Die Landesregierung ist befugt, die Ermächtigung durch Rechtsverordnung auf eine andere Stelle zu übertragen.

(2) Das Gesetz über das Verwaltungsverfahren der Kriegsopferversorgung in der Fassung der Bekanntmachung vom 6. Mai 1976 (BGBl. I S. 1169), zuletzt geändert durch das Gesetz vom 18. August 1980 (BGBl. I S. 1469), mit Ausnahme der §§ 3 und 4, die Vorschriften des ersten und dritten Kapitels des Zehnten Buches Sozialgesetzbuch sowie die Vorschriften des Sozialgerichtsgesetzes über das Vorverfahren sind anzuwenden.

(3) Absatz 2 gilt nicht, soweit die Versorgung in der Gewährung von Leistungen besteht, die den Leistungen der Kriegsopferfürsorge nach den §§ 25 bis 27j des Bundesversorgungsgesetzes entsprechen.

§ 65 Entschädigung bei behördlichen Maßnahmen

(1) Soweit auf Grund einer Maßnahme nach den §§ 16 und 17 Gegenstände vernichtet, beschädigt oder in sonstiger Weise in ihrem Wert gemindert werden oder ein anderer nicht nur unwesentlicher Vermögensnachteil verursacht wird, ist eine Entschädigung in Geld zu leisten; eine Entschädigung erhält jedoch nicht derjenige, dessen Gegenstände mit Krankheitserregern oder mit

Gesundheitsschädlingen als vermutlichen Überträgern solcher Krankheitserreger behaftet oder dessen verdächtig sind. § 254 des Bürgerlichen Gesetzbuchs ist entsprechend anzuwenden.

(2) Die Höhe der Entschädigung nach Absatz 1 bemisst sich im Falle der Vernichtung eines Gegenstandes nach dessen gemeinem Wert, im Falle der Beschädigung oder sonstigen Wertminderung nach der Minderung des gemeinen Wertes. Kann die Wertminderung behoben werden, so bemisst sich die Entschädigung nach den hierfür erforderlichen Aufwendungen. Die Entschädigung darf den gemeinen Wert nicht übersteigen, den der Gegenstand ohne die Beschädigung oder Wertminderung gehabt hätte. Bei Bestimmung des gemeinen Wertes sind der Zustand und alle sonstigen den Wert des Gegenstandes bestimmenden Umstände in dem Zeitpunkt maßgeblich, in dem die Maßnahme getroffen wurde. Die Entschädigung für andere nicht nur unwesentliche Vermögensnachteile darf den Betroffenen nicht besser stellen, als er ohne die Maßnahme gestellt sein würde. Auf Grund der Maßnahme notwendige Aufwendungen sind zu erstatten.

§ 66 Zahlungsverpflichteter

(1) Verpflichtet zur Zahlung der Entschädigung nach § 56 ist das Land, in dem das Verbot erlassen worden ist, in den Fällen des § 34 Abs. 1 bis 3 und des § 42 das Land, in dem die verbotene Tätigkeit ausgeübt worden ist. Verpflichtet zur Zahlung der Entschädigung nach § 65 ist das Land, in dem der Schaden verursacht worden ist.

(2) Versorgung wegen eines Impfschadens nach den §§ 60 bis 63 ist zu gewähren

1.

  in den Fällen des § 60 Abs. 1 von dem Land, in dem der Schaden verursacht worden ist,

2.

  in den Fällen des § 60 Abs. 2

  a)

104

von dem Land, in dem der Geschädigte bei Eintritt des Impfschadens im Geltungsbereich dieses Gesetzes seinen Wohnsitz oder gewöhnlichen Aufenthalt hat,

b)

wenn bei Eintritt des Schadens ein Wohnsitz oder gewöhnlicher Aufenthalt im Geltungsbereich dieses Gesetzes nicht vorhanden ist, von dem Land, in dem der Geschädigte zuletzt seinen Wohnsitz oder gewöhnlichen Aufenthalt gehabt hat oder

c)

bei minderjährigen Geschädigten, wenn die Wohnsitzvoraussetzungen der Buchstaben a oder b nicht gegeben sind, von dem Land, in dem der Elternteil oder Sorgeberechtigte des Geschädigten, mit dem der Geschädigte in häuslicher Gemeinschaft lebt, seinen Wohnsitz oder gewöhnlichen Aufenthalt im Geltungsbereich dieses Gesetzes hat oder, falls ein solcher Wohnsitz oder gewöhnlicher Aufenthalt nicht gegeben ist, zuletzt seinen Wohnsitz oder gewöhnlichen Aufenthalt gehabt hat,

3.

in den Fällen des § 60 Abs. 3 von dem Land, in dem der Geschädigte seinen Wohnsitz oder gewöhnlichen Aufenthalt im Geltungsbereich dieses Gesetzes hat oder erstmalig nimmt. Die Zuständigkeit für bereits anerkannte Fälle bleibt unberührt.

(3) In den Fällen des § 63 Abs. 1 sind die Kosten, die durch das Hinzutreten der weiteren Schädigung verursacht werden, von dem Leistungsträger zu übernehmen, der für die Versorgung wegen der weiteren Schädigung zuständig ist.

§ 67 Pfändung

(1) Die nach § 56 Abs. 2 Satz 2 und 3 zu zahlenden Entschädigungen können nach den für das Arbeitseinkommen geltenden Vorschriften der Zivilprozessordnung gepfändet werden.

(2) Übertragung, Verpfändung und Pfändung der Ansprüche nach den §§ 60, 62 und 63 Abs. 1 richten sich nach den Vorschriften des Bundesversorgungsgesetzes.

§ 68 Rechtsweg

(1) Für Streitigkeiten über Entschädigungsansprüche nach den §§ 56 und 65 und für Streitigkeiten über Erstattungsansprüche nach § 56 Abs. 4 Satz 2, § 57 Abs. 1 Satz 3 und Abs. 3 Satz 3 sowie § 58 Satz 1 ist der ordentliche Rechtsweg gegeben.

(2) Für öffentlich-rechtliche Streitigkeiten in Angelegenheiten der §§ 60 bis 63 Abs. 1 ist der Rechtsweg vor den Sozialgerichten gegeben. Soweit das Sozialgerichtsgesetz besondere Vorschriften für die Kriegsopferversorgung enthält, gelten diese auch für Streitigkeiten nach Satz 1.

(3) Absatz 2 gilt nicht, soweit Versorgung entsprechend den Vorschriften der Kriegsopferfürsorge nach den §§ 25 bis 27j des Bundesversorgungsgesetzes gewährt wird. Insoweit ist der Rechtsweg vor den Verwaltungsgerichten gegeben.

13. Abschnitt
Kosten

§ 69 Kosten

(1) Folgende Kosten sind aus öffentlichen Mitteln zu bestreiten, soweit nicht die von der Maßnahme betroffene Person oder Dritte zur Kostentragung verpflichtet sind:

1.

Kosten für die Übermittlung der Meldungen der nach § 6 meldepflichtigen Krankheiten,

2.

Kosten für die Übermittlung der Meldungen der nach § 7 meldepflichtigen Nachweise von Krankheitserregern,

3.

Kosten für die Durchführung der Erhebungen nach § 13 Absatz 2 Satz 5,

4.

Kosten für die Ablieferung von Untersuchungsmaterial an bestimmte Einrichtungen der Spezialdiagnostik nach § 13 Absatz 3 Satz 1,

5.

Kosten für Maßnahmen nach § 17 Absatz 1, auch in Verbindung mit Absatz 3, soweit sie von der zuständigen Behörde angeordnet worden sind und die Notwendigkeit der Maßnahmen nicht vorsätzlich herbeigeführt wurde,

6.

Kosten für Untersuchung und Behandlung bei sexuell übertragbaren Krankheiten und bei Tuberkulose nach § 19 Absatz 2 Satz 1 Nummer 2,

7.

Kosten für Schutzimpfungen oder andere Maßnahmen der spezifischen Prophylaxe gegen bestimmte übertragbare Krankheiten nach § 20 Absatz 5,

8.

Kosten für die Durchführung von Ermittlungen nach § 25,

9.

Kosten für Beobachtungsmaßnahmen nach § 29,

10.

Kosten für Quarantänemaßnahmen nach § 30 sowie

11.

Kosten für ärztliche Untersuchungen nach § 36 Absatz 5.

(2) Wer die öffentlichen Mittel aufzubringen hat, bleibt, soweit nicht bundesgesetzlich geregelt, der Regelung durch die Länder vorbehalten.

(3) Für aus öffentlichen Mitteln zu bestreitende Kosten der Quarantänemaßnahmen nach § 30 ist der Kostenträger zuständig, in dessen Bezirk die von der Maßnahme betroffene Person zum Zeitpunkt der Anordnung der Maßnahme ihren gewöhnlichen Aufenthalt hat oder zuletzt hatte. Falls ein gewöhnlicher Aufenthaltsort nicht feststellbar ist, werden die Kosten vorläufig von dem Kostenträger übernommen, in dessen Bezirk die Maßnahme angeordnet wird.

Der zuständige Kostenträger ist im Fall des Satzes 2 zur Erstattung verpflichtet. Satz 1 gilt nicht, soweit die Länder abweichende Vereinbarungen treffen.

14. Abschnitt
Sondervorschriften

§ 70 Aufgaben der Bundeswehr und des Gesundheitsamtes

(1) Im Geschäftsbereich des Bundesministeriums der Verteidigung obliegt der Vollzug dieses Gesetzes den zuständigen Stellen der Bundeswehr, soweit er betrifft

1.

Personen, die in Unterkünften oder sonstigen Einrichtungen der Bundeswehr untergebracht sind,

2.

Soldaten, die dauernd oder vorübergehend außerhalb der in Nummer 1 bezeichneten Einrichtungen wohnen,

3.

Angehörige der Bundeswehr auf dem Transport, bei Märschen, in Manövern und Übungen,

4.

die Belehrung nach § 43 bei Personen, die in Einrichtungen der Bundeswehr eine der in § 42 bezeichneten Tätigkeiten ausüben,

5.

Grundstücke, Einrichtungen, Ausrüstungs- und Gebrauchsgegenstände der Bundeswehr,

6.

im Bereich der Bundeswehr die Tätigkeiten mit Krankheitserregern.

(2) In den Fällen des Absatzes 1 Nr. 2 sind die Maßnahmen zur Bekämpfung übertragbarer Krankheiten im Benehmen mit dem zuständigen Gesundheitsamt zu treffen.

(3) Bei Zivilbediensteten, die außerhalb der in Absatz 1 Nr. 1 bezeichneten Einrichtungen wohnen, sind die Maßnahmen zur Bekämpfung übertragbarer Krankheiten im Benehmen mit der zuständigen Stelle der Bundeswehr zu treffen.

(4) In den Fällen des Absatzes 2 kann bei Gefahr im Verzug das Gesundheitsamt, in den Fällen des Absatzes 3 die zuständige Stelle der Bundeswehr vorläufige Maßnahmen treffen.

(5) Die Bundesregierung kann durch allgemeine Verwaltungsvorschriften mit Zustimmung des Bundesrates bestimmen, inwieweit sich die Gesundheitsämter und die zuständigen Stellen der Bundeswehr von dem Auftreten oder dem Verdacht des Auftretens einer übertragbaren Krankheit gegenseitig zu benachrichtigen und inwieweit sie sich bei den Ermittlungen gegenseitig zu unterstützen haben.

§ 71 (weggefallen)

§ 72 Aufgaben des Eisenbahn-Bundesamtes

Im Bereich der Eisenbahnen des Bundes und der Magnetschwebebahnen obliegt der Vollzug dieses Gesetzes für Schienenfahrzeuge sowie für ortsfeste Anlagen zur ausschließlichen Befüllung von Schienenfahrzeugen dem Eisenbahn-Bundesamt, soweit die Aufgaben des Gesundheitsamtes und der zuständigen Behörde nach den §§ 37 bis 39 und 41 betroffen sind.

15. Abschnitt
Straf- und Bußgeldvorschriften

§ 73 Bußgeldvorschriften

(1) Ordnungswidrig handelt, wer entgegen § 50a Absatz 3 Satz 1, auch in Verbindung mit einer Rechtsverordnung nach § 50a Absatz 4 Nummer 2, Polioviren oder dort genanntes Material besitzt.

(1a) Ordnungswidrig handelt, wer vorsätzlich oder fahrlässig

1.

entgegen § 6 oder § 7, jeweils auch in Verbindung mit einer Rechtsverordnung nach § 14 Absatz 8 Satz 1 Nummer 2, 4 bis 6 oder 7 oder § 15 Absatz 1 oder 3, eine Meldung nicht, nicht richtig, nicht vollständig, nicht in der vorgeschriebenen Weise oder nicht rechtzeitig macht,

2.

(weggefallen)

3.

entgegen § 16 Abs. 2 Satz 2, auch in Verbindung mit § 25 Absatz 2, § 36 Abs. 3 oder einer Rechtsverordnung nach § 17 Abs. 4 Satz 1, § 41 Abs. 1 Satz 3, auch in Verbindung mit einer Rechtsverordnung nach Abs. 2 Satz 1, oder § 51 Satz 2 ein Grundstück, einen Raum, eine Anlage, eine Einrichtung, ein Verkehrsmittel oder einen sonstigen Gegenstand nicht zugänglich macht,

4.

entgegen § 16 Abs. 2 Satz 3, auch in Verbindung mit § 25 Absatz 2, § 36 Abs. 3 oder einer Rechtsverordnung nach § 17 Abs. 4 Satz 1, § 29 Abs. 2 Satz 3, auch in Verbindung mit einer Rechtsverordnung nach § 32 Satz 1, oder § 41 Abs. 1 Satz 3, auch in Verbindung mit einer Rechtsverordnung nach Abs. 2 Satz 1, eine Auskunft nicht, nicht richtig, nicht vollständig oder nicht rechtzeitig erteilt,

5.

entgegen § 16 Abs. 2 Satz 3, auch in Verbindung mit § 25 Absatz 2, § 36 Abs. 3 oder einer Rechtsverordnung nach § 17 Abs. 4 Satz 1, eine Unterlage nicht, nicht richtig, nicht vollständig oder nicht rechtzeitig vorlegt,

6.

einer vollziehbaren Anordnung nach § 17 Abs. 1, auch in Verbindung mit einer Rechtsverordnung nach Abs. 4 Satz 1, § 17 Abs. 3 Satz 1, § 25 Absatz 3 Satz 1 oder 2, auch in Verbindung mit § 29 Abs. 2 Satz 2, dieser auch in Verbindung mit einer Rechtsverordnung nach § 32 Satz 1, § 25 Absatz 4 Satz

2, § 28 Abs. 1 Satz 1, auch in Verbindung mit einer Rechtsverordnung nach § 32 Satz 1, oder § 34 Abs. 8 oder 9 zuwiderhandelt,

7.

entgegen § 18 Abs. 1 Satz 1 ein Mittel oder ein Verfahren anwendet,

8.

entgegen § 22 Abs. 1 Satz 1 oder 2 eine Eintragung nicht, nicht richtig, nicht vollständig oder nicht rechtzeitig vornimmt oder eine Impfbescheinigung nicht, nicht richtig, nicht vollständig oder nicht rechtzeitig ausstellt,

9.

entgegen § 23 Absatz 4 Satz 1 nicht sicherstellt, dass die dort genannten Infektionen und das Auftreten von Krankheitserregern aufgezeichnet oder die Präventionsmaßnahmen mitgeteilt oder umgesetzt werden,

9a.

entgegen § 23 Absatz 4 Satz 2 nicht sicherstellt, dass die dort genannten Daten aufgezeichnet oder die Anpassungen mitgeteilt oder umgesetzt werden,

9b.

entgegen § 23 Absatz 4 Satz 3 eine Aufzeichnung nicht oder nicht mindestens zehn Jahre aufbewahrt,

10.

entgegen § 23 Absatz 4 Satz 4 Einsicht nicht gewährt,

10a.

entgegen § 23 Absatz 5 Satz 1, auch in Verbindung mit einer Rechtsverordnung nach § 23 Absatz 5 Satz 2, nicht sicherstellt, dass die dort genannten Verfahrensweisen festgelegt sind,

11.

entgegen § 25 Absatz 4 Satz 1 eine Untersuchung nicht gestattet,

11a.

einer vollziehbaren Anordnung nach § 28 Absatz 2, auch in Verbindung mit einer Rechtsverordnung nach § 32 Satz 1, zuwiderhandelt,

111

12.

entgegen § 29 Abs. 2 Satz 3, auch in Verbindung mit einer Rechtsverordnung nach § 32 Satz 1, Zutritt nicht gestattet,

13.

entgegen § 29 Abs. 2 Satz 3, auch in Verbindung mit Satz 4 oder einer Rechtsverordnung nach § 32 Satz 1, § 49 Absatz 1 Satz 1, § 50 Satz 1 oder 2 oder § 50a Absatz 1 Satz 1 eine Anzeige nicht, nicht richtig, nicht vollständig oder nicht rechtzeitig erstattet,

14.

entgegen § 34 Abs. 1 Satz 1, auch in Verbindung mit Satz 2 oder Abs. 3, eine dort genannte Tätigkeit ausübt, einen Raum betritt, eine Einrichtung benutzt oder an einer Veranstaltung teilnimmt,

15.

ohne Zustimmung nach § 34 Abs. 2 einen Raum betritt, eine Einrichtung benutzt oder an einer Veranstaltung teilnimmt,

16.

entgegen § 34 Abs. 4 für die Einhaltung der dort genannten Verpflichtungen nicht sorgt,

16a.

entgegen § 34 Absatz 5 Satz 1 oder § 43 Absatz 2 eine Mitteilung nicht, nicht richtig, nicht vollständig oder nicht rechtzeitig macht,

17.

entgegen § 34 Abs. 6 Satz 1, auch in Verbindung mit Satz 2, oder § 36 Absatz 3a das Gesundheitsamt nicht, nicht richtig, nicht vollständig oder nicht rechtzeitig benachrichtigt,

17a.

entgegen § 34 Absatz 10a Satz 1 einen Nachweis nicht oder nicht rechtzeitig erbringt,

18.

entgegen § 35 Satz 1 oder § 43 Abs. 4 Satz 1 eine Belehrung nicht, nicht richtig, nicht vollständig oder nicht rechtzeitig durchführt,

19.

entgegen § 36 Absatz 5 Satz 1 oder 3 eine Untersuchung nicht duldet,

20.

entgegen § 43 Abs. 1 Satz 1, auch in Verbindung mit einer Rechtsverordnung nach Abs. 7, eine Person beschäftigt,

21.

entgegen § 43 Abs. 5 Satz 2 einen Nachweis oder eine Bescheinigung nicht oder nicht rechtzeitig vorlegt,

22.

einer vollziehbaren Auflage nach § 47 Abs. 3 Satz 1 zuwiderhandelt,

22a.

entgegen § 50a Absatz 2, auch in Verbindung mit einer Rechtsverordnung nach § 50a Absatz 4 Nummer 1, Polioviren oder dort genanntes Material nicht oder nicht rechtzeitig vernichtet,

23.

entgegen § 51 Satz 2 ein Buch oder eine sonstige Unterlage nicht oder nicht rechtzeitig vorlegt, Einsicht nicht gewährt oder eine Prüfung nicht duldet oder

24.

einer Rechtsverordnung nach § 13 Absatz 3 Satz 1, § 17 Absatz 4 Satz 1 oder Absatz 5 Satz 1, § 20 Abs. 6 Satz 1 oder Abs. 7 Satz 1, § 23 Absatz 8 Satz 1 oder Satz 2, § 38 Abs. 1 Satz 1 Nr. 3 oder Abs. 2 Nr. 3 oder 5 oder § 53 Abs. 1 Nr. 2 oder einer vollziehbaren Anordnung auf Grund einer solchen Rechtsverordnung zuwiderhandelt, soweit die Rechtsverordnung für einen bestimmten Tatbestand auf diese Bußgeldvorschrift verweist.

(2) Die Ordnungswidrigkeit kann in den Fällen des Absatzes 1a Nr. 8, 9b, 11a, 17a und 21 mit einer Geldbuße bis zu zweitausendfünfhundert Euro, in den übrigen Fällen mit einer Geldbuße bis zu fünfundzwanzigtausend Euro geahndet werden.

§ 74 Strafvorschriften

Mit Freiheitsstrafe bis zu fünf Jahren oder mit Geldstrafe wird bestraft, wer eine in § 73 Absatz 1 oder Absatz 1a Nummer 1 bis 7, 11 bis 20, 22, 22a, 23 oder 24 bezeichnete vorsätzliche Handlung begeht und dadurch eine in § 6 Absatz 1 Satz 1 Nummer 1 genannte Krankheit oder einen in § 7 genannten Krankheitserreger verbreitet.

§ 75 Weitere Strafvorschriften

(1) Mit Freiheitsstrafe bis zu zwei Jahren oder mit Geldstrafe wird bestraft, wer

1.

    einer vollziehbaren Anordnung nach § 28 Abs. 1 Satz 2, § 30 Abs. 1 oder § 31, jeweils auch in Verbindung mit einer Rechtsverordnung nach § 32 Satz 1, zuwiderhandelt,

2.

    entgegen § 42 Abs. 1 Satz 1, auch in Verbindung mit Satz 2, jeweils auch in Verbindung mit einer Rechtsverordnung nach § 42 Abs. 5 Satz 1, oder § 42 Abs. 3 eine Person beschäftigt oder eine Tätigkeit ausübt,

3.

    ohne Erlaubnis nach § 44 Krankheitserreger verbringt, ausführt, aufbewahrt, abgibt oder mit ihnen arbeitet oder

4.

    entgegen § 52 Satz 1 Krankheitserreger oder Material abgibt.

(2) Ebenso wird bestraft, wer einer Rechtsverordnung nach § 38 Abs. 1 Satz 1 Nr. 5 oder Abs. 2 Nr. 4 oder einer vollziehbaren Anordnung auf Grund einer solchen Rechtsverordnung zuwiderhandelt, soweit die Rechtsverordnung für einen bestimmten Tatbestand auf diese Strafvorschrift verweist.

(3) Wer durch eine in Absatz 1 bezeichnete Handlung eine in § 6 Abs. 1 Nr. 1 genannte Krankheit oder einen in § 7 genannten Krankheitserreger verbreitet, wird mit Freiheitsstrafe von drei Monaten bis zu fünf Jahren bestraft, soweit nicht die Tat in anderen Vorschriften mit einer schwereren Strafe bedroht ist.

(4) Handelt der Täter in den Fällen der Absätze 1 oder 2 fahrlässig, so ist die Strafe Freiheitsstrafe bis zu einem Jahr oder Geldstrafe.

(5) Mit Freiheitsstrafe bis zu einem Jahr oder mit Geldstrafe wird bestraft, wer entgegen § 24 Satz 1, auch in Verbindung mit Satz 2, dieser auch in Verbindung mit einer Rechtsverordnung nach § 15 Abs. 1, eine Person behandelt.

§ 76 Einziehung

Gegenstände, auf die sich eine Straftat nach § 75 Abs. 1 oder 3 bezieht, können eingezogen werden.

16. Abschnitt
Übergangsvorschriften

§ 77 Übergangsvorschriften

(1) Die nach den Vorschriften des Bundes-Seuchengesetzes bestehende Erlaubnis für das Arbeiten und den Verkehr mit Krankheitserregern gilt im Geltungsbereich dieses Gesetzes als Erlaubnis im Sinne des § 44; bei juristischen Personen gilt dies bis fünf Jahre nach Inkrafttreten dieses Gesetzes mit der Maßgabe, dass die Erlaubnis nach § 48 zurückgenommen oder widerrufen werden kann, wenn ein Versagungsgrund nach § 47 Abs. 1 Nr. 2 bei den nach Gesetz oder Satzung zur Vertretung berufenen Personen vorliegt; die Maßgabe gilt auch, wenn der Erlaubnisinhaber nicht selbst die Leitung der Tätigkeiten übernommen hat und bei der von ihm mit der Leitung beauftragten Person ein Versagungsgrund nach § 47 Abs. 1 vorliegt. Die Beschränkung des § 47 Abs. 4 Satz 1 gilt nicht für die in § 22 Abs. 4 Satz 2 des Bundes-Seuchengesetzes genannten Personen, wenn bei Inkrafttreten dieses Gesetzes sie selbst oder diejenigen Personen, von denen sie mit der Leitung der Tätigkeiten beauftragt worden sind, Inhaber einer insoweit unbeschränkten Erlaubnis sind. Bei Personen, die die in § 20 Abs. 1 Satz 1 des Bundes-Seuchengesetzes bezeichneten Arbeiten vor dem Inkrafttreten des Gesetzes berechtigt durchgeführt haben, bleibt die Befreiung von der Erlaubnis für

diese Arbeiten fünf Jahre nach Inkrafttreten des Gesetzes bestehen; § 45 Abs. 4 findet entsprechend Anwendung.

(2) Ein Zeugnis nach § 18 des Bundes-Seuchengesetzes gilt als Bescheinigung nach § 43 Abs. 1.

Gesetz über die berufsmäßige Ausübung der Heilkunde ohne Bestallung (Heilpraktikergesetz)

HeilprG

Ausfertigungsdatum: 17.02.1939

"Heilpraktikergesetz in der im Bundesgesetzblatt Teil III, Gliederungsnummer 2122-2, veröffentlichten bereinigten Fassung, das zuletzt durch Artikel 17e des Gesetzes vom 23. Dezember 2016 (BGBl. I S. 3191) geändert worden ist". Zuletzt geändert durch Art. 17e G v. 23.12.2016 I 3191.

Fußnote

(+++ Textnachweis Geltung ab: 1.1.1975 +++)

Eingangsformel

Die Reichsregierung hat das folgende Gesetz beschlossen, das hiermit verkündet wird:

§ 1

(1) Wer die Heilkunde, ohne als Arzt bestallt zu sein, ausüben will, bedarf dazu der Erlaubnis.

(2) Ausübung der Heilkunde im Sinne dieses Gesetzes ist jede berufs- oder gewerbsmäßig vorgenommene Tätigkeit zur Feststellung, Heilung oder Linderung von Krankheiten, Leiden oder Körperschäden bei Menschen, auch wenn sie im Dienste von anderen ausgeübt wird.

(3) Wer die Heilkunde bisher berufsmäßig ausgeübt hat und weiterhin ausüben will, erhält die Erlaubnis nach Maßgabe der Durchführungsbestimmungen; er führt die Berufsbezeichnung "Heilpraktiker".

§ 2

(1) Wer die Heilkunde, ohne als Arzt bestallt zu sein, bisher berufsmäßig nicht ausgeübt hat, kann eine Erlaubnis nach § 1 in Zukunft nach Maßgabe der gemäß § 7 erlassenen Rechts- und Verwaltungsvorschriften erhalten, die insbesondere Vorgaben hinsichtlich Kenntnissen und Fähigkeiten als Bestandteil der Entscheidung über die Erteilung der Erlaubnis enthalten sollen.

(2) Wer durch besondere Leistungen seine Fähigkeit zur Ausübung der Heilkunde glaubhaft macht, wird auf Antrag des *Reichsministers des Innern* durch den *Reichsminister für Wissenschaft, Erziehung und Volksbildung* unter erleichterten Bedingungen zum Studium der Medizin zugelassen, sofern er seine Eignung für die Durchführung des Medizinstudiums nachweist.

§ 3

Die Erlaubnis nach § 1 berechtigt nicht zur Ausübung der Heilkunde im Umherziehen.

§ 4

-

§ 5

Wer, ohne zur Ausübung des ärztlichen Berufs berechtigt zu sein und ohne eine Erlaubnis nach § 1 zu besitzen, die Heilkunde ausübt, wird mit Freiheitsstrafe bis zu einem Jahr oder mit Geldstrafe bestraft.

§ 5a

(1) Ordnungswidrig handelt, wer als Inhaber einer Erlaubnis nach § 1 die Heilkunde im Umherziehen ausübt.

(2) Die Ordnungswidrigkeit kann mit einer Geldbuße bis zu zweitausendfünfhundert Euro geahndet werden.

§ 6

(1) Die Ausübung der Zahnheilkunde fällt nicht unter die Bestimmungen dieses Gesetzes.

(2)

§ 7

Der *Reichsminister des Innern* erläßt ... die zur Durchführung ... dieses Gesetzes erforderlichen Rechts- und Verwaltungsvorschriften.

§ 8

(1) Dieses Gesetz tritt am Tag nach der Verkündung in Kraft.

(2) Gleichzeitig treten § 56a Abs. 1 Nr. 1 und § 148 Abs. 1 Nr. 7a der Reichsgewerbeordnung, soweit sie sich auf die Ausübung der Heilkunde im Sinne dieses Gesetzes beziehen, außer Kraft.

Erste Durchführungsverordnung zum Gesetz über die berufsmäßige Ausübung der Heilkunde ohne Bestallung (Heilpraktikergesetz)

‐

HeilprGDV 1

Ausfertigungsdatum: 18.02.1939

"Erste Durchführungsverordnung zum Gesetz über die berufsmäßige Ausübung der Heilkunde ohne Bestallung (Heilpraktikergesetz) in der im Bundesgesetzblatt Teil III, Gliederungsnummer 2122-2-1, veröffentlichten bereinigten Fassung, die zuletzt durch Artikel 17f iVm Artikel 18 Absatz 4 des Gesetzes vom 23. Dezember 2016 (BGBl. I S. 3191) geändert worden ist". Zuletzt geändert durch Art. 17f iVm Art. 18 Abs. 4 G v. 23.12.2016 I 3191. Bek. v. 9.1.2018 I 126 mWv 22.3.2018 (Nr. 3) noch nicht berücksichtigt.

Fußnote

(+++ Textnachweis Geltung ab: 1.5.1975 +++)

Eingangsformel

Auf Grund § 7 des Gesetzes über die berufsmäßige Ausübung der Heilkunde ohne Bestallung (Heilpraktikergesetz) vom 17. Februar 1939 (Reichsgesetzbl. I S. 251) wird verordnet:

§ 1

-

§ 2

(1) Die Erlaubnis wird nicht erteilt,

a)

wenn der Antragsteller das 25. Lebensjahr noch nicht vollendet hat,

b)

wenn er nicht die deutsche Staatsangehörigkeit besitzt,

c) (weggefallen)

d)

wenn er nicht mindestens abgeschlossene Volksschulbildung nachweisen kann,

e) (weggefallen)

f)

wenn sich aus Tatsachen ergibt, daß ihm die ... sittliche Zuverlässigkeit fehlt, insbesondere, wenn schwere strafrechtliche oder sittliche Verfehlungen vorliegen,

g)

wenn er in gesundheitlicher Hinsicht zur Ausübung des Berufs ungeeignet ist,

h)

wenn mit Sicherheit anzunehmen ist, daß er die Heilkunde neben einem anderen Beruf ausüben wird,

i)

wenn sich aus einer Überprüfung der Kenntnisse und Fähigkeiten des Antragstellers durch das Gesundheitsamt ergibt, daß die Ausübung der Heilkunde durch den Betreffenden eine Gefahr für die Volksgesundheit bedeuten würde.

Das Bundesministerium für Gesundheit macht Leitlinien zur Überprüfung von Heilpraktikeranwärtern bis spätestens zum 31. Dezember 2017 im Bundesanzeiger bekannt. Bei der Erarbeitung der Leitlinien sind die Länder zu beteiligen.

(2)

Fußnote

§ 2 Abs. 1 Satz 1 Buchst. b: Nach Maßgabe der Entscheidungsformel mit Art. 2 Abs. 1 GG (100-1) unvereinbar und nichtig gem. BVerfGE v. 10.5.1988 I 1587 (1 BvR 482/84)

§ 3

(1) Über den Antrag entscheidet die untere Verwaltungsbehörde im Benehmen mit dem Gesundheitsamt.

(2) Der Bescheid ist dem Antragsteller, ... und der zuständigen Ärztekammer zuzustellen; das Gesundheitsamt erhält Abschrift des Bescheides. Der ablehnende Bescheid ist mit Gründen zu versehen.

(3) Gegen den Bescheid können der Antragsteller ... und die zuständige Ärztekammer binnen *zwei Wochen Beschwerde einlegen. Über diese entscheidet die höhere Verwaltungsbehörde* nach Anhörung eines Gutachterausschusses (§ 4).

Fußnote

§ 3 Abs. 3: IdF d. § 2 V v. 3.7.1941 I 368; Kursivdruck gem. § 77 Abs. 1 VwGO 340-1 durch §§ 68ff. VwGO ersetzt, jetzt Widerspruch innerhalb eines Monats bei der erlassenden Behörde

§ 4

(1) Der Gutachterausschuß besteht aus einem Vorsitzenden, der weder Arzt noch Heilpraktiker sein darf, aus zwei Ärzten sowie aus zwei Heilpraktikern. Die Mitglieder des Ausschusses werden vom *Reichsminister des Innern* ... für die Dauer von zwei Jahren berufen. Die Landesregierungen werden ermächtigt, durch

Rechtsverordnung die zuständige Behörde abweichend von Satz 2 zu bestimmen. Sie können diese Ermächtigung auf oberste Landesbehörden übertragen.

(2) Für mehrere Bezirke höherer Verwaltungsbehörden kann ein gemeinsamer Gutachterausschuß gebildet werden.

§ 5

-

§ 6

-

§ 7

(1) Die Erlaubnis ist durch die höhere Verwaltungsbehörde zurückzunehmen, wenn nachträglich Tatsachen eintreten oder bekannt werden, die eine Versagung der Erlaubnis nach § 2 Abs. 1 rechtfertigen würden. Die Landesregierungen werden ermächtigt, durch Rechtsverordnung die zuständige Behörde abweichend von Satz 1 zu bestimmen. Sie können diese Ermächtigung auf oberste Landesbehörden übertragen.

(2)

(3) Vor Zurücknahme der Erlaubnis nach Absatz 1 ist der Gutachterausschuß (§ 4) zu hören.

(4)

§§ 8 und 9 (weggefallen)

-

§ 10

(1) Anträge auf Zulassung zum Studium der Medizin gemäß § 2 Abs. 2 des Gesetzes sind an die für den Wohnort des Antragstellers zuständige höhere Verwaltungsbehörde einzureichen.

(2) Die Antragsteller dürfen das 30. Lebensjahr noch nicht überschritten haben.

(3) Die höhere Verwaltungsbehörde prüft, ob die Voraussetzungen des § 2 der Verordnung erfüllt sind, und hört zu dem Antrag den Gutachterausschuß (§ 4).

(4) Nach Abschluß der Ermittlungen legt sie den Antrag mit dem Gutachten dem *Reichsminister des Innern* vor, der ... gegebenenfalls den Antrag an den *Reichsminister für Wissenschaft, Erziehung und Volksbildung* weiterleitet.

§ 11

(1) Höhere Verwaltungsbehörde im Sinne dieser Verordnung ist in *Preußen,* Bayern ... der *Regierungspräsident,* in Berlin der *Polizeipräsident,* ... im Saarland der *Reichskommissar für das Saarland* und im übrigen die oberste Landesbehörde.

(2) Untere Verwaltungsbehörde im Sinne dieser Verordnung ist in Gemeinden mit staatlicher Polizeiverwaltung die staatliche Polizeibehörde, im übrigen in Stadtkreisen der *Oberbürgermeister,* in Landkreisen der *Landrat.*

(3)

Fußnote

§ 11 Abs. 2: Kursivdruck vgl. jetzt die Gemeinde- u. Kreisordnungen der Länder

§§ 12 bis 14 (weggefallen)

www.ingramcontent.com/pod-product-compliance
Lightning Source LLC
Chambersburg PA
CBHW070904180526
45168CB00005B/1920